Grandes Secretos De Mi Éxito

Grandes Secretos De Mi Éxito

GRANDES SECRETOS DE MI ÉXITO

El Decálogo de Richman

Osno Monto

Dedicatoria

A mi amada madre, quien con su ejemplo me supo transmitir a muy temprana edad, el valor de la humildad, la paciencia y de la perseverancia. El amor por el conocimiento y de la verdad. A creer en la bondadosa misericordia de nuestro Dios padre. A tener fe y esperanza en los momentos más oscuros de nuestra existencia y resignación para aceptar los hechos y cosas que no puedo cambiar. A dejar de lado la queja y moverme diligentemente para conseguir mi meta de ser una persona útil para mi propio bien, y para la sociedad. A querer y amar a mi prójimo, a ser solidario y humilde. A valorar la paz que nos ofrece vivir de una manera sencilla y mantener una sana alimentación como estilo de vida. Gracias mamá, por tantas enseñanzas que han marcado positivamente el rumbo de mi vida.

Grandes Secretos De Mi Éxito

Indice

Una Vida a Vuelo de Pájaro.

-¡Buen día Sr Carlos!... ¡Caramba, que agradable oírle decir eso!- contesta al teléfono Richman súper emocionado- Sí, ¡seguro!, mañana a esa hora estaré sin falta en su oficina... Muchas gracias por darnos esa valiosa oportunidad de poder servirles.

Se acaba de cumplir su sueño: Richman sabía que en cualquier momento iba a recibir esta llamada telefónica con una espléndida noticia: "CleanWorker", compañía líder en el mantenimiento y limpieza de condominios de la ciudad, había decidido utilizar sus productos, y quieren reunirse de inmediato con él para afinar, lo más pronto posible, los detalles concernientes a precios, requerimientos mensuales de materiales para todas sus dependencias y la logística de despacho.

Gracias a la calidad de sus productos "Luiscar", a su esmero en la atención sincera, oportuna, transparente, cordial y amable de todos sus clientes, Richman rápidamente ha ido ganando una reconocida reputación, con un sólido mercado y clientes satisfechos, que incluso lo consideran un amigo personal.

"El efecto multiplicador" en el entorno de usuarios de productos de limpieza, ha sido el encargado de hacer rodar su nombre como un proveedor confiable con productos que realmente funcionan, amén de su excelente trato y responsabilidad, que lo hacen ser una persona con quien da gusto hacer buenos negocios: CleanWorker no ignoró tan buenas referencias y decidió unirse también a esta cartera de clientes satisfechos.

Richman es un hombre cuyo origen viene de una familia de escasos recursos económicos, pero con sólidas enseñanzas morales y religiosas, de trabajo, de educación, y sobre todo, con grandes deseos de superación por llegar a "Ser Alguien" en la vida; status que hoy en día, afortunadamente ha logrado de una manera muy satisfactoria.

Precisamente él se llena de emoción en decir a cualquier persona, especialmente a la generación joven, "Semillero de Relevo"-así denomina Richman a los jóvenes-, que mientras la mayoría de las personas culpan a su propia pobreza de origen como la causante de sus desgracias actuales, para él, haber transitado ya esta ruta de miseria y necesidades materiales no cubiertas, ha sido el motor que lo ha impulsado a tratar de ser y hacer todo lo mejor posible en cada uno de los aspectos elementales de su vida por procurar vivir de una manera diferente, digna y decente: ¡Lo había logrado!

¡El ingeniero Richman!, como le dicen cariñosamente aquellos que conocen de su profesión, antes de decidir aventurarse a regentar su propia empresa, desempeñó diferentes cargos en la industria privada: Comenzando por el área de Investigación y Desarrollo, luego pasando por las áreas de manufactura, control de calidad, hasta finalmente llegar a mercadeo y ventas; y es precisamente allí, cuando su mente emprendedora despierta, abriendo los ojos a la vertiginosa realidad del gigantesco mundo exterior del consumo de bienes y servicios: Esta gran oportunidad de participar de una tajada en este dinámico mercado no se la iba a perder. Ya era hora de utilizar para sí mismo todo el cúmulo de conocimientos adquiridos dentro de las diversas áreas del ámbito empresarial.

-Siento que en este momento está pasando el autobús que me conducirá al éxito...y ¡voy a subirme! No sé si volverá a pasar y cuando lo hará.

Estas fueron las palabras que él se repitió en su interior, al momento de tomar esta brillante decisión que cambiaría el rumbo de su vida.

Richman recuerda con gran pasión y claridad mental que dedicó un período de 12 años de arduo trabajo como empleado, el cual siempre lo consideró como una etapa más de aprendizaje en su vida: Esta fase fue la gran ventana para conocer el fascinante mundo empresarial, donde tendría la valiosa oportunidad de aplicar todos los conocimientos teóricos adquiridos en la universidad, y a su vez, también le permitiría conocer desde adentro y a profundidad, el funcionamiento de una empresa productiva: Su administración (contable y tributaria, recursos: físicos, humanos y financieros), logística de producción y manufactura, mantenimiento de maquinaria y equipos, control de calidad, compra de materiales y suministros, mercadeo y ventas... Estos años fueron claves, según sus propias palabras; muy emocionantes; de pocas frustraciones y llenos de muchas satisfacciones; aceptando, por más difíciles y complejos que parecieran, todos los retos y oportunidades que se le presentaban en las diferentes áreas de trabajo... 12 años dorados, realmente muy edificantes y productivos... Años suficientes para poder tomar la firme y sabia decisión de cambiar de rumbo y comenzar a recorrer por cuenta propia, el difícil y placentero camino como emprendedor independiente: Trabajando bajo sus propias reglas e intereses, aprendiendo un sin fin de situaciones y cosas nuevas, sin límites de lugar y tiempo, pero con la más grande y reconfortante de todas las recompensas: Trabajar en lo que le gusta y apasiona hacer, y esta, según Richman, es una de la más grande bendición que ha podido recibir. Cuando a él le toca dar un consejo acerca del rol que juega el trabajo en la vida del hombre, acude y recita con beneplácito este hermoso pensamiento de John Rockefeller: "Mi vida ha sido una largas vacaciones llena de trabajo y de juegos, en el camino abandoné las preocupaciones y Dios me recompensa cada día".

-¡Que hombre tan espectacular es este Rockefeller!

Así se expresa Richman con profundo respeto y admiración cada vez que hace referencia a este insigne personaje de la economía norteamericana.

-¡Comparar al trabajo como parte de unas vacaciones, solo lo puede hacer alguien que en realidad siempre disfruta de él!

Son justo las 10 de la noche cuando finaliza "Viajando por el Mundo", uno de sus programas favoritos de la televisión... Richman se dispone a ir a la cama... de pronto, recuerda que mañana a las 8:00 am tiene la reunión con el Sr Carlos de CleanWorker y aún no ha preparado sus papeles de trabajo.

-Veamos si dispongo del material necesario para la entrevista- se dice Richman revisando detalladamente su carpeta de ventas-. Aquí están: el "Catálogo de Productos Luiscar"!, la Lista de Precios actualizados, información legal de la empresa, y mi arma favorita: mi bolígrafo; ¡Todo al pelo!... Ahora sí, un bañito para refrescarme y a ¡descansarrr! Mañana me espera otro gran día... Ganaré el doble: Un nuevo cliente y un amigo, ¡Dios mediante!

CleanWorker... ¡Bienvenidos!

Al frente de una humeante y olorosa taza de café recién colado, Richman, sorbo a sorbo, disfruta de su peculiar sabor... Todas las mañanas, antes iniciar su rutina diaria de actividades, ésta mágica poción le acompaña fielmente en su faena de despabilarse por completo... Luego tomará una taza más, esta vez al lado de un delicioso desayuno hecho en casa... Quien conoce a Richman sabe, que no importa la hora a la que él se levante en la mañana; lo cierto es que no sale a la calle sin antes tomar con calma, su primera comida del día. Siempre le repite este mensaje a alguien que le diga que no tuvo tiempo para comer ó lo observa comiendo con una rapidez espantosa, sin saborear el bocado de comida: "Amigo, una de las primeras razones por la que uno trabaja duro, es para poder disfrutar del placer de comerse una buena comida, ¡no lo olvides!... saborea y disfrútala plenamente!

Luego de desayunar, Richman comienza ya a prepararse para su partida. Su mente está inquieta; en expectativa por conocer el desarrollo que tendrá su pronta entrevista matutina con el Sr Carlos.

Como todo buen guerrero pacífico de las ventas -así se auto denomina Richman-, sabe y confía que su mejor arma para ganarse al cliente, será su famoso "Coctel del Éxito", compuesto de: Una agradable y sincera sonrisa en su rostro; Pulcra y sencilla apariencia personal; Serenidad, claridad, transparencia, conocimiento del tema y seguridad al hablar; Escuchar detalladamente al cliente y asegurarse de comprender al 100% cuáles son sus inquietudes y necesidades, y nunca ofrecer lo que no se pueda cumplir ni venderle lo que no necesite; Fijar acuerdos beneficiosos para ambas partes, y Cumplir cabalmente con lo acordado: Hasta la fecha no le ha fallado esta fórmula maestra de actuar con la gente con quien hace negocios y mantiene relación de amistad.

-¡Amigo Richman, ya es hora de partir!

Se dice así a sí mismo, mientras se peina mirándose sonriente al espejo.

-Sé que te irá muy bien con el Sr Carlos... ¡Vamos men!, un nuevo cliente y amigo para nuestra empresa nos está esperando.

Maletín en mano, se encamina hacia la salida del edificio en donde vive, y, deteniéndose justo en la puerta que da para la calle, levanta su mirada al cielo, y haciendo un ligero guiño, invita al ser supremo a que lo acompañe en sus diligencias con su sabia y amorosa presencia.

Grandes Secretos De Mi Éxito

-¡Amigo mío!... ¡Acompáñame y disfruta junto a mí, de todos mis actos durante este nuevo día; guía mis pasos para que logre alcanzar mis metas según sea tu voluntad!

Decididamente, después de su breve oración, cierra la puerta y emprende su caminata hacia la oficina del Sr Carlos, la cual se ubica como a 2 kilómetros de distancia de su residencia... Habitualmente, Richman hace la mayoría de sus diligencias a pie... Él dice, de manera jocosa, que su vehículo se asemeja a una ambulancia: Lo utiliza solo en casos de emergencias, como por ejemplo, cuando requiere mover alguna mercancía, ir a un sitio muy alejado ó inhóspito como para hacer una caminata, y para salir de paseo con su familia.

Este es Richman!... Un hombre verdaderamente práctico que lleva la vida con sencillez, y ésta es una de sus tantas maneras de sentirse libre y saludable. Señala con mucho entusiasmo, que esto también le permite conectarse a plenitud con el entorno físico y humano que le rodea, manteniendo contacto con lo que acontece en la vida pública de su ciudad.

Rumbo a su entrevista, transitando ya por la Avenida 20, como de costumbre, mira al interior de su cafetería preferida en busca de alguna cara conocida... De repente, detiene bruscamente su marcha; Richman fija la mirada hacia una pequeña mesa ubicada en el rincón izquierdo a la máquina de café.

-Ese que está sentado allí se me parece bastante a... ¿Will?

Continuando con su mirada fija y una mano sobre su mentón, en actitud reflexiva, sigue escrutando minuciosamente al hombre de la mesa, quien se encuentra sentado dándole su espalda...

-Voy a acercarme un poco más para observar mejor... Umm, sin lugar a duda, definitivamente, ¡sí es él!

Will... Su amigo; ¡su hermano del alma!... Alguien muy cercano a él durante toda su vida de colegial, y posteriormente, como estudiante universitario... Agradable compañero de estudio, de parrandas y de amoríos juveniles; amigo y confidente en las buenas y en las malas.

-¡Son más de treinta años que no le veía!- comenta Richman para sí mismo- Está un poco golpeado por la edad, pero aún conserva sus rasgos...jajaja... ¡Así, supongo dirá también él de mi cuando me vea!

-Will?- Mirándolo firmemente, Richman procura confirmación de su sospecha, al hombre sentado en la mesa.

-¡Sí, ese soy yo!... ¡Y tú, ¿quién eres?!

Will sorprendido, procede a mirar a su interlocutor con profundo asombro... con la velocidad de un rayo, busca rápidamente imágenes guardadas en su memoria tal que le permitan identificarlo.

-¡Caramba, no puede ser!... si eres tú... ¡Richman!

Levantándose de inmediato, Will se aproxima y sin mediar palabras, le abraza efusivamente, una y otra vez...

-¡Hermano, que agradable sorpresa volver a verte después de tanto tiempo!

A Will se le notaba realmente perturbado por la emoción... Ambos, cariñosamente se miraban con alegría, como tratando de recuperar con sus miradas el tiempo de ausencia en su relación amistosa.

Son ya las 7:35 am... Richman quedó en estar a las 8 am en CleanWorker. Afortunadamente, desde allí, con unos 15 minutos más de caminata, podrá llegar puntualmente a la cita. Por ahora, solo dispone de un máximo de 10 minutos adicionales para continuar la charla con su amigo.

-¡Will, en verdad no tengo palabras en este momento para expresar lo conmovido que me siento por volver a verte!

Richman demuestra a su amigo, con voz cariñosamente pausada y una fija mirada mientras le hablaba, que aún no termina de salir de su grato asombro.

-¡Yo también, mi hermano querido!- responde Will con voz entrecortada- ¡Hace tiempo que añoraba con que sucediera este encuentro entre los dos!... Ambos hemos sido descuidados con nuestra amistad; esperemos que a partir de ahora seamos más cuidadosos y no volvamos a perdernos el rastro el uno del otro.

Richman, con ánimo de sobra por quedarse un tiempo más prolongado conversando con su amigo, sabe que debe cortar la conversación y continuar su ruta para cumplir con su ineludible compromiso comercial.

-¡Will, como me agradaría continuar en este momento una larga y tendida charla contigo, para ponernos al día de lo que ha sido la vida de cada uno de nosotros durante todo este tiempo de ausencia!... pero... Justo a las 8 am me está esperando un cliente y debo ser puntual con él. Te parece bien, si al terminar la reunión, lo cual estimo sea como dentro de una hora, ó quizás, un máximo de dos, ¿nos volvemos a conseguir aquí, en este mismo lugar, para seguir dialogando un rato más?

-¡Excelente Richman!, ahora estoy libre... aquí te estaré esperando... ¡Toma, ésta es mi tarjeta personal! Ahí tienes mi número de teléfono celular por si necesitas comunicarte conmigo... Anda pues amigo, ¡te deseo mucho éxito en tu entrevista!

Con un fuerte y movido apretón de manos, ambos amigos se despiden temporalmente.

7:59 am marca el reloj ubicado en el lobby del edificio... Richman se encuentra ya en la Torre Ejecutiva; sube sin demora al quinto piso y presiona el botón # 4 del timbre que identifica claramente la oficina del Sr Carlos de CleanWorker.

-¡Buenos días!, por favor, dígame ¿en qué puedo servirle?

Una dulce y educada voz femenina, queda a la espera de una respuesta de la persona que llamó al intercomunicador.

-¡Muy buenos días señorita!, mi nombre es Richman y vengo para una entrevista con el Sr Carlos.

-¡Sr Richman, adelante le estamos esperando!

-¡Gracias!

Richman responde y procede de inmediato a cruzar el umbral de entrada.

-¡Bella como su voz!

Es el primer pensamiento que cruza por la mente de Richman al encontrarse de frente con la joven secretaria de CleanWorker.

-¡Mucho gusto en conocerla, mi nombre es Richman!

Ella, recíprocamente le devuelve el saludo de presentación con un ligero movimiento de cabeza, acompañado con una deliciosa sonrisa que no le cabía en su femenino rostro, otorgándole así, una cálida bienvenida.

-¡Adelante ingeniero, el jefe le está esperando!

Grandes Secretos De Mi Éxito

Seguidamente le hace un gesto con la mano izquierda indicándole la puerta que debe atravesar donde el Sr Carlos aguarda por él.

-¡Buenos días, con su permiso para entrar!

-¡Buenos días Ingeniero Richman, un placer conocerle, yo soy Carlos!

Espontáneamente extiende su gruesa mano en busca de la de Richman, para el acostumbrado apretón de presentación inicial.

-¡Igual de placentero es para mí el poder conocerle!, mi nombre es Richman, ¡para servirle!

Después del emotivo saludo inicial, ambas partes inician una ligera plática con el fin de "romper el hielo" y así crear un ambiente amigable para su futura conversación de negocios. Entre los temas tocados por ellos, se hizo alusión a sus familias, la salud personal, resultados del recién finalizado campeonato nacional de béisbol, situación general de la economía del país y la de cada una de sus empresas… blablabla…

-Ingeniero Richman, permítame ahora, hacerle un breve resumen de los servicios y actividades que forman parte de la razón de ser de CleanWorker: Nuestra empresa mantiene contratos de limpieza integral con una gran cantidad de Condominios y Centros Comerciales de la ciudad. Cuando le digo integral, me refiero a que manejamos toda la operación: Desde el personal, hasta todo tipo de artículos de limpieza requerido en cada uno de estos sitios. En su caso particular, nuestra empresa ha recibido información de muy buena fuente, que los productos químicos "Luiscar" gozan de una excelente reputación por su calidad de desempeño, al realizar con eficiencia las tareas de limpieza para la cual han sido recomendados... Pienso que juntos podemos lograr hacer una excelente combinación, y por esa razón le he invitado a esta reunión.

-¡Gracias por su amable invitación y por sus maravillosos elogios para nuestros productos! Su clara exposición de las diversas actividades que debe enfrentar a diario CleanWorker para mantener contenta a esa gran cantidad de clientes exigentes, me conduce a pensar que, con toda seguridad, si podremos realizar juntos un eficiente trabajo en equipo.

Amablemente así expresa Richman su agradecimiento al Sr Carlos, y continúa con su exposición...

-Ciertamente nuestra clientela valora nuestros productos por estos tres aspectos fundamentales:

1.- Multiplicidad de funciones con un mismo producto, lo cual le permite manejar inventarios bajos de material de limpieza.

2.- Efectividad y rapidez en la ejecución de las tareas de limpieza, haciendo que el personal pueda abarcar una mayor área por turno de trabajo.

3.- Relación Costo-Beneficio bastante baja con respecto a otros productos, lo cual les permite mantener la competitividad en el duro mercado de prestadores de servicios de limpieza.

Seguidamente, Carlos y Richman intercambian información de ambas empresas pertinente a su objetivo común de trabajo: Catálogo descriptivo de los Productos Luiscar y sus precios, Lista del personal supervisor de CleanWorker destacado en los condominios y centros comerciales que son atendidos por ellos.

-Carlos- Richman expone a continuación, con firme conocimiento del campo de trabajo-, la experiencia me ha enseñado que cada cliente tiene su propia realidad en cuanto a necesidades de limpieza, por tal razón, quiero proponerte, que me permitas visitar a cada uno de tus clientes para realizar conjuntamente con tu supervisor, un recorrido por cada una de las áreas que se deben limpiar, con la finalidad de seleccionar el producto más adecuado en cada una de ellas, así como las cantidades necesarias para el período de un mes de trabajo.

-¡Me parece muy acertada su sugerencia ingeniero! Hoy es Viernes, al finalizar nuestra reunión, me comunicaré con cada uno de mis supervisores para elaborar un plan de visitas, el cual a mas tardar, se lo estaré enviando a usted, vía email, el día Lunes, en horas de la tarde.

-¡Perfecto Carlos!... Una vez que yo finalice la visita a cada uno de tus clientes y tenga la información de los requerimientos de productos para cada uno de ellos, te la haré llegar para que coordinemos los pedidos y las entregas... Ah, también quiero decirte, que es política de Luiscar, la de realizar un entrenamiento inicial del uso correcto de cada uno de los productos adquiridos, directamente con el personal involucrado en las tareas de limpieza: Esto lo hacemos con la finalidad de asegurarle al cliente, un uso eficiente del material adquirido para evitar derroche de productos y mano de obra, así como el manejo seguro para evitar accidentes por mala manipulación. Por lo tanto, cuando se haga el primer despacho de material, en paralelo haremos esta actividad in situ con el personal.

-¡Caramba Ingeniero, creo que nos vamos a entender muy bien!

Los años de trabajo le han enseñado a Richman que muchas empresas no logran consolidar una clientela fiel ya que se limitan a vender un producto y entregarlo al cliente dejándolo a la deriva sin tomarse el tiempo necesario para hacer que sepa usarlo en modo y proporción correcta, lo cual le da seguridad y confianza por la calidad y oportunidad de servicio que el proveedor está dispuesto en brindarle.

- ¡Eso espero, Carlos!

Con todos los puntos aclarados y solo a la espera del plan de visitas prometido por Carlos a Richman, para concretar la relación comercial CleanWorker-Luiscar, ambos se despiden hasta una nueva oportunidad.

Richman no ha olvidado su reencuentro con Will, así que una vez ubicado a la salida de la Torre Ejecutiva, orienta su brújula hacia la cafetería donde lo aguarda su apreciado y estimado amigo.

El Renacer de una Vieja Amistad

Camino a su reencuentro con Will, Richman no deja de pensar en lo placentero y productivo que había resultado su recién finalizada entrevista, e incluso -una pícara sonrisa se dibuja en su rostro-, recuerda como sus ojos también habían sacado provecho de ella, al poder disfrutar la sensual y dulce silueta de la hermosa, amable e inteligentísima joven secretaria de CleanWorker... Esto pasó a ser un atractivo motivo para querer acudir de inmediato a las futuras llamadas de esta empresa.

-¡Que agradable y atinada persona es éste Carlos!... Estoy seguro de que juntos vamos a formar un excelente triángulo de trabajo. Ambos congeniamos en la importancia que tiene el cliente para la vida de nuestro negocio.

Gesticulando con sus manos, Richman va formando la

mencionada figura a medida de que va señalando los actores que conformarán sus tres lados.

-CleanWorker- Luiscar- Clientes suyos (y míos también)... ¡Él y yo nos vamos a entender muy bien!... Ambos estamos dispuestos a dar lo mejor de nuestro trabajo para satisfacer las necesidades de nuestra clientela. Ahora solo me hace falta comprobar, si su personal está en sintonía con nuestra visión del trabajo en equipo: Pronto tendré la oportunidad de averiguarlo y hacer mis comentarios al respecto.

Como por arte de magia, sin darse cuenta debido a lo entretenida que estaba su mente en revivir los interesantes aspectos de su reciente entrevista, el tiempo y la distancia que separaban ambos sitios para su reencuentro amistoso, se habían consumido en un abrir y cerrar de ojos.

Richman, desde la entrada de la cafetería, localiza de inmediato a su amigo Will, quien se encuentra sentado en el mismo sitio en el cual él le dejó, solo que ahora, está disfrutando una espumosa y deliciosa taza de café, placer que combina junto con la lectura del periódico local.

-¡Amigo Will!

Saluda Richman con amable sonoridad, y enseguida extiende su mano derecha en busca de la de su compañero, recibiendo de inmediato su respuesta, en forma de un cálido y zigzagueante apretón.

-Caballero, ¿cómo ha sido el tiempo de espera?

Consulta Richman a Will

-¡Fenomenal!, sorprendido aún de habernos encontrado... y aprovechando de leer lo que acontece en mi querida ciudad... ¿Y tú?, ¿qué tal te fue con la entrevista?, ¿lograste cubrir tus expectativas?

-"Mejor Imposible", ¡como reza el título de la película!

Cubierto de una jovial y amplia sonrisa, mirando a la cara de su amigo quien le escucha con atención, Richman continúa dándole gustosamente sus respuestas.

-En verdad da gusto gastar el tiempo; mejor dicho: Invertir el tiempo, con personas como Carlos, mi nuevo cliente con quien acabo de entrevistarme. Aparte de que tú puedes hacer buenos negocios, terminas también aprendiendo algo positivo de ellos: Nuevas ideas y estrategias de mercado, un gesto, nuevas palabras, ingeniosos puntos de vista para atacar un mismo problema en busca de alguna solución, como combinar trabajo y diversión para disfrutar plenamente de la vida... En fin, ¡todo un polifacético personaje el amigo Carlos!

Grandes Secretos De Mi Éxito

-Dime Will -Richman hala una silla y procede a sentarse enfrente de su amigo-, ¿desde cuándo andas por la ciudad?

-¡Hace como una semana!, estoy hospedado en casa de mis padres, pasando unos días de vacaciones junto a mi esposa y mi hijo Noel.

Will detiene súbitamente sus palabras y respira profundo en busca de ordenar sus ideas.

-Quiero comentarte amigo, que estoy pensando seriamente en retornar a vivir para acá, ya que Noel el próximo año va a iniciar en la universidad y desea estudiar ingeniería al igual que nosotros, y tú sabes, modestia aparte, que en la Universidad Politécnica de aquí dan una excelente formación profesional.

-Caramba Will, esa si que es una agradable noticia... ¡Un notición!, para decirlo en nuestro lenguaje criollo.

-Sí Richman -Will emocionado continúa su diálogo-, desde que nos graduamos, hace ya exactamente treinta años, me he mantenido trabajando en una Siderúrgica, en el oriente del país... Lejos de mi familia y de mis amigos de infancia y juventud... Por mi tiempo de trabajo, ya puedo solicitar mi jubilación; y así pienso hacerlo a finales de este año, Dios mediante, para poder tener plena libertad de disfrutar junto a mi gente.

-¡Ay Will!, ¡como pasa de rápido el tiempo, amigo! -comenta Richman con tono de asombro y nostalgia- Tanto esfuerzo que nos costó graduarnos, y en este momento, así de fácil como se pela un huevo, en un abrir y cerrar de ojos, decimos que han pasado ya treinta años de ejercicio profesional, y que estamos a punto de jubilar... ¡Carajo!

Colocando el mentón en medio de sus manos, con sus brazos apoyados encima de la mesa, continúa con esta reflexión.

-Hoy en día comprendo perfectamente a la gente mayor, que en nuestra época de adolescentes, cuando ellos evocaban algunos hechos acontecidos durante su juventud, afirmaban que eso parecía que les había sucedido ayer, y en respuesta, mi alocada mente juvenil disfrutaba a borbotones de una manera jocosa, al no poder entender como ese "Viejito" podía decir tamaña barbaridad de que recordaba algo que le había sucedido hacía más de 50 años, y expresar "¡Lo estoy reviviendo y pareciera como si me ocurrió ayer!": A la presente fecha, puedo dar fe de que aquellos ancianos no estaban errados. Ahora que yo ando siguiendo esos mismos pasos de la edad, ¡estoy comenzando a vivir esa misma sensación!: Es por esto que no me canso de decir a toda la gente del mundo de que la vida es como un suspiro: Viene y se va pronto; hay que aprovechar de vivir cada día al máximo, el presente es lo único real que tenemos, y seguir al pie de la letra, el sabio proverbio: "No dejes para mañana lo que puedas hacer hoy".

-Y, ¿qué piensas hacer después de tu jubilación? -pregunta Richman a Will, haciéndole un comentario burlón-, porque yo todavía estoy muy "pichón" como para pensar en jubilarme... jajaja.

-¡No creo que tú estés tan lejos! -se defiende Will devolviendo así el sarcasmo de su amigo-, si mi memoria no me traiciona, ¡amigo, tú me llevas un año más de edad!... jajaja.

-¡Hablando en serio Richman! -retoma Will el tema en cuestión-, para ser honesto contigo y conmigo mismo, aún no he precisado a lo que pienso dedicarme cuando me jubile. Por ahora, como ya te lo comenté, solo pienso en dos cosas: Ayudar a Noel en lo de su educación universitaria y en mi plan de retornar a ésta mi ciudad natal, para disfrutar más a menudo de la compañía de mis seres queridos.

-Ahora bien, mi joven amigo -habla Will en tono de jerga-: ¡"Pichón"!, es tiempo de que me pongas al día de lo que ha sido tu vida durante todos estos últimos años.

Grandes Secretos De Mi Éxito

-¡Con mucho gusto, mi amigo! -Richman toma la palabra para saciar la inquietud de Will- Al igual que tú, inmediatamente desde nuestra graduación, dediqué 12 años de ejercicio profesional en diferentes zonas e industrias del país: Petroquímica, Productos Químicos Industriales, Procesamiento de Lácteos y Frutas. Todas ellas enriquecieron de una manera práctica mi talento técnico adquirido en la universidad y asimismo me enseñaron algo totalmente apasionante y nuevo para mí: ¡Mercadeo y Ventas!

Esta última experiencia laboral, me permitió cerrar mi círculo de aprendizaje en cuanto a la comprensión cabal de la razón de ser de una empresa: Producir y Vender, y la parte operativa para lograr ambos objetivos. Sin tener alguien que compre, es decir, al no tener un mercado para los productos, es completamente absurdo pensar en producir algún bien tangible e intangible. Es por ello que, sin menospreciar las otras áreas de trabajo, mercadeo y ventas, para mí, son la columna vertebral de las empresas, y la universidad de la vida me ha enseñado estas dos grandes verdades: el cliente es sagrado para cualquier empresa y debe estar plenamente satisfecho con nuestro producto-atención-servicio, y la otra es que es muy difícil hacer entrar un cliente a nuestra cartera y es sumamente fácil perderlo: Toda empresa debería elaborar afiches con éstas máximas y pegarlas en sitios estratégicos visibles a todo su personal. Asimismo, atrajo poderosamente mi atención, ver como el personal de estas áreas son los mejores pagados, y también, que dentro de su rutina de trabajo, además de mantener un estrecho contacto con el personal de la fábrica, deben establecer líneas de comunicación permanente con los distribuidores y consumidores finales de toda la mercadería, desde y durante la fase de desarrollo y lanzamiento de nuevos productos, así como en la etapa de consolidación y mantenimiento del producto en el mercado... ¡Qué bárbaro!... Prácticamente son los encargados de dar vida a las empresas, internamente y con el mundo exterior.

-¡12 años de interesante trabajo, amigo!

Interrumpió Will a Richman, un tanto excitado por lo que había oído hasta ahora.

-¿Y los 18 años siguientes?

-En la última empresa en la que trabajé por un salario fijo -vivamente emocionado, Richman continua relatando su currículo laboral-, fue precisamente aquí, en ésta ciudad. Fueron los últimos 5 años de mi vida como empleado, en los que conté con ingresos fijos cada quincena del mes. Ocupé cargos desde Gerente de Producción hasta Gerente de Exportación; con mucho orgullo puedo decirte, que fui la primera y única persona que logró traer dólares americanos a la empresa, por concepto de ventas de sus productos en el extranjero. En el último año de mi permanencia con ellos, surgieron situaciones en el país, que tú conoces bastante bien, que no nos permitió continuar con el mercado exterior y la empresa se vio en la necesidad de cerrar mi departamento, y a este servidor, le fue planteada la posibilidad de ejercer la gerencia de control de calidad en planta, incluyendo como regalo -dice Richman en son de burla-, sus guardias de fin de semana cada mes, todo ello mientras surgía una vacante en el departamento de Mercadeo y Ventas Nacionales, algo que para ese momento era una posibilidad muy remota.

-¡Era una excelente oportunidad para ti de salvar tu pellejo para no quedar cesante! -comenta Will interrumpiendo por un breve momento a Richman.

-Fíjate que por al contrario, más bien se me puso el pellejo como piel de gallina cuando me hicieron esa propuesta.

Richman se estremece a medida de que habla.

-Con solo pensar en volver a mi etapa de novato profesional, cuando lo primero que te imponían para darte una oportunidad de trabajo era laborar por guardias nocturnas y de fines de semana... ¡No, yo ya superé esa etapa!... Así que sin pensarlo dos veces, no lo acepté.

-Seguramente tendrías una carta bajo la manga para poder tomar esa fuerte decisión de no quedarte con ellos- comenta

Will.

-Sinceramente, no tenía ninguna oferta tácita de trabajo. Tan solo tenía la certeza de que yo estaba lo suficientemente capacitado como para ejercer un mejor cargo, y sobre todo, sentía que no debía abandonar a mi reciente amor por el área de la comercialización.

Richman lleva sus manos al pecho como queriendo dar un abrazo a su imaginario y platónico amorío.

-Y entonces, ¿qué hiciste?

Preocupado Will, implora una respuesta de Richman.

-Inicialmente asistí a un sinfín de entrevistas en empresas importantes de la ciudad: Unas me dejaron con la promesa de llamarme y todavía el timbre de mi teléfono no ha sonado -jajaja, Richman ríe y continúa con su relato-, otras me ofrecían un paquete laboral poco atractivo para mis años de experiencia.

-Yo si no he vivido esa angustiosa experiencia de estar desempleado.

Se expresa Will con asombro, frente a lo narrado por su amigo, y continúa también su exposición.

Grandes Secretos De Mi Éxito

-Toda mi vida profesional se la he dedicado a la empresa siderúrgica donde laboro en la actualidad. He pasado por todas las áreas y cargos donde me han necesitado, sin importar si me sentía a gusto o no con lo que hacía. Subía y bajaba de status, no me importaba. Solo pensar en que podía perder mi trabajo si no aceptaba esas condiciones de trabajo, era lo único que me aterroriza aún hoy en día.

Discúlpame Richman por haber interrumpido tu interesante exposición, es que te siento tan conmovido al revivir todos esos emocionantes momentos, que hasta yo también me he contagiado con mis recuerdos. Sígueme contando de tu vida, ¡por favor!

-Recuerdo que fue un día domingo -Richman inspirado, continúa dejando fluir el relato de su vida-, cuando buscando en el periódico los avisos de solicitud de personal, hubo uno que llamó poderosamente mi atención; no era para trabajar, por el contrario, ofrecía una oportunidad de independizarse económicamente, mediante el aprendizaje de la técnica para la fabricación de productos químicos de limpieza, para lo cual ellos ofrecían asesoría mediante el dictado de un curso que incluía formulaciones básicas, listas de proveedores de materias primas, etc. Aquello quedó grabado en mi mente; de inmediato tomé el aviso y se lo mostré a mi esposa, como para comparar mis pensamientos, pues ella también compartía mis angustias en la búsqueda de trabajo.

Grandes Secretos De Mi Éxito

-Y, ¿qué te dijo tu esposa? -requirió Will.

-¡Que estás esperando Richman!

   Esa fue la reacción de mi esposa, y continuó con su consejería.

-Esta oportunidad va justo de la mano con tu profesión de ingeniero químico y con tu pregonada ilusión de emprender tu negocio para ser tu propio jefe. ¡Anda e inscríbete para el curso! Después tú decidirás si realmente deseas dedicarte o no a esa actividad.

-Afortunadamente hice caso a su sugerencia -Richman alegre comenta-, y a eso es a lo que me he dedicado desde hace ya 18 años. ¡Te diré que es el trabajo más grato y mejor remunerado que he tenido durante toda mi vida! ¡No ha sido fácil, pero si ha sido posible! Gracias a él he mejorado sustancialmente mi calidad de vida y la de mi entorno familiar y de amigos.

-¡Que fascinante uso has hecho de nuestra profesión!- Will mira con orgullo a su amigo-. ¡Como me hubiese gustado que mi hijo Noel hubiese escuchado tu autobiografía laboral! Estoy seguro que le hubiese sido muy útil como fundamento para fijar criterios durante su futura formación profesional.

Grandes Secretos De Mi Éxito

-Por cierto Will, ahora que mencionas la palabra "Autobiografía", y de hecho es uno de mis temas favoritos para leer y ver videos de la gente que ha logrado grandes cambios en el mundo. La mayoría de las personas creen que todos estos personajes que han llegado a ser exitosos, es porque son gentes especiales, elegidas directamente por el universo para que desarrollen sus ideas en beneficio de la humanidad: Al leer sus autobiografías, te sorprenderá saber que los ingredientes básicos de su éxito, dicho por ellos mismos, está no en que eran personas superdotadas o especiales, sino en que creyeron firmemente en sus ideas, crearon todas las estrategias necesarias y ejecutaron todas las acciones escritas en su plan estratégico para llegar a convertir sus sueños en realidades, y reconocen que el camino para sus logros estuvo impregnado de altibajos, frustraciones, fracasos, deseos de abandonar, corregir y volver a comenzar: La Perseverancia fue el gran héroe de todas sus hazañas.

Justo en este momento suena el teléfono de Will y procede a hacer una señal manual de permiso a Richman para interrumpir la conversación y poder contestar la llamada.

- Aló, ¿quién me habla?

Will golpea suavemente su frente con su mano izquierda y saca la punta de su lengua como un gesto de vergüenza por su olvido.

-¡Hola mamá!... ¡Claro que sí voy a acompañarte a tu cita con tu médico!... Si, ya sé que son las doce y media y tu cita es a las tres... Ya voy en camino, chao.

- Era mi mamá- informa Will a Richman-. Ayer me comprometí con ella a acompañarla al médico... Amigo, me gustaría seguir conversando contigo de todos estos temas interesantes... ¿Qué tal si nos reunimos nuevamente mañana Sábado?

- Claro que sí amigo! Mañana en la tarde, a las 2 pm, voy al Parque del Este a escribir y a caminar por una hora para ejercitar mis músculos y el esqueleto... ¡Este es uno de mis secretos para mantenerme activo como un pichón!

Richman sonríe y le hace un guiño a Will.

-¡Te espero allá!

- ¡Perfecto! Hasta mañana amigo.

Luego de un fuerte abrazo a Richman, Will emprende su partida para ir a buscar su viejecita querida y acompañarla al médico.

Richman, Will, y el Éxito

Cercano a la entrada del Parque del Este, aledaño al borde sur del estacionamiento de vehículos, visible a la vista de cualquier visitante, vestido con mono gris y franela cuello en "V" de color amarillo, cómodamente sentado sobre un banco de cemento, debajo de la bondadosa sombra que le regala un frondoso árbol de roble, Richman disfruta de un agradable y sonoro fondo musical, que alternando a dúo con temas instrumentales de música tropical y la de su admirado canta autor Simón Díaz, hacen que la espera por la llegada de su amigo Will sea de lo más placentera y relajada.

Con la intención de entregarse momentáneamente a la meditación y escritura de su nuevo libro, sin la preocupación de estar pendiente de la llegada de su amigo, Richman envió desde su teléfono móvil celular, un mensaje de texto a Will, con la descripción de su vestimenta y localización para facilitarle su búsqueda dentro del parque.

-Como me gusta ver a tanta gente compartiendo juntas, en armonía unos con los otros: Jugando béisbol, al fútbol, elevando cometas, paseando en bicicleta, trote y caminatas, sentados dialogando o entretenidos con algún juego de mesa, fiestas de celebración, todo bajo este plácido escenario, adornado con bellos árboles, grama, pájaros, y un hermoso cielo soleado.

Afortunadamente, el banco donde se encuentra sentado Richman, cuenta con una ubicación envidiable, pues, girando su cabeza en forma de abanico, le permite cubrir con sus ojos, un amplio panorama de todo lo que acontece a su alrededor, en un radio que abarca aproximadamente un 40% de la superficie total del parque.

Mientras observa, saltan múltiples recuerdos a su memoria; sobretodo, aquellos inolvidables momentos en los cuales él también tuvo la fortuna de compartir en familia: Fiestas de cumpleaños de sus 3 hijos, meriendas sobre la grama, jugar a la pelota y al "loco escondido"... Este lugar también sirvió como campo de entrenamiento para enseñar a sus chicos a montar en patines y bicicleta... En la actualidad, este sigue siendo su sitio preferido para visitar; ahora le sirve de refugio para dedicarse a su hobby de escribir, actividad que realiza desde que llega aquí, hasta que el sol declina a unos 30 grados sobre su poniente, momento preciso para comenzar a caminar durante 1 hora continua por la vía perimetral, dando un mínimo de 4 vueltas en total, lo que equivale a unos 6 kilómetros de saludable recorrido aeróbico.

Grandes Secretos De Mi Éxito

-¡Caramba mi amigo, veo que estás inspirado con tanta belleza a tu alrededor!

Era Will, que acaba de llegar y saca repentinamente del limbo a su soñador amigo.

-¡Will, amigo, que placer volver a verte!... Cierto, este lugar es de ensueño, fenomenal para el relajamiento mental, espiritual y físico

Seguidamente ambos amigos se sumergen en un profundo, silencioso y emotivo abrazo.

-¿Como estuvo ayer la visita de tu mamá al médico?- pregunta Richman.

-Bastante bien, a Dios gracias!... Todos los valores de: glicemia, colesterol, triglicéridos, e incluso la tensión arterial, están dentro de los parámetros normales... ¡Ahora es que tenemos "vieja" por largo tiempo, compañero!

-¡Qué bueno Will!... Eres un hombre afortunado al tener aún viva a tu madre, y poder ahora ayudarla y atenderla en reciprocidad, tal como lo hiciera ella contigo desde tu concepción hasta hoy en día... Will, la vida es como un círculo: Tus padres lo abrieron contigo, y ahora tú comienzas a cerrarlo con ellos, devolviéndole sus atenciones. Este símil aplica igualmente para la mayoría de las relaciones humanas: Amistad, trabajo, en el bien y el mal.

-¡Gracias Richman por tu inspiradora reflexión!... ¿Tienes rato esperando?

Eran justo las 2:45 pm cuando Will encuentra a Richman.

-No tanto tiempo. Yo estoy aquí desde la 1 y 40 pm, pero tú tranquilo, esa es la hora en que normalmente vengo llegando; mientras tanto, disfrutaba de un agradable ambiente, como tú mismo lo puedes corroborar.

Con su brazo izquierdo extendido y apuntando con el dedo índice, Richman hace un barrido mostrando a Will la diversidad de paisajes que tienen al frente de ellos.

-Will ven, siéntate aquí conmigo, para que hablemos un rato, mientras cae el sol y podamos ir a caminar.

Ambos, sentados en el mismo banco, permanecen varios minutos en silencio, estirando plácidamente sus brazos y piernas, mirando hacia todos lados en busca de nada en especial.

Grandes Secretos De Mi Éxito

De pronto, Will decide romper el silencio, haciendo este reflexivo comentario.

-Sabes Richman, ayer me quedé con deseos de conocer más en detalle, acerca de como hiciste para lograr ser una persona de éxitos durante estos últimos 18 años... Dime todos tus secretos para ver que se me puede pegar a mí también...jajaja...

-Gracias mi amigo por considerarme una persona de éxitos... Precisamente Will, en estos momentos me encuentro escribiendo mis memorias, y te va a resultar curioso que, a pesar de lo que tú consideras así como un hecho, uno de los puntos que más me ha costado definir en ellas, es acerca de si he logrado o no ser una persona exitosa. Finalmente, después de mucho análisis introspectivo y comparativo de como es mi manera de entender y vivir la vida, llegué a la conclusión de que efectivamente si lo soy, y más adelante te vas a dar de cuenta porque lo digo.

Te propongo que en este preciso instante juguemos a ser filósofos del éxito-comenta Richman a Will-: Yo te pregunto, tú me preguntas, ambos emitimos nuestras propias consideraciones y juntos determinamos si somos o no exitosos... ¿Qué te parece mi propuesta?

Grandes Secretos De Mi Éxito

-Me parece una forma razonable de atacar este asunto; así podré escudriñar mis conocimientos acerca del éxito, y fijar en mí de una manera más sólida este concepto... ¡Vamos a hacerlo ya!... Comienza tú primero.

Will emocionado, mira con expectativa a su amigo, esperando a que él le lance su primera interrogante.

-¡A la una, a las dos y a las tres!: Will, ¿qué es para ti el Éxito y qué es ser exitoso?

Richman, ha aprendido en carne propia, lo importante que es tener claro este asunto y mantenerlo presente a diario, para poder dirigir de manera acertada, todos nuestros esfuerzos de lucha por lograr alcanzar una mejor calidad de vida; y esto es lo que él, en esencia, pretende hacer por su apreciado amigo.

Will por su parte, con cara pensativa, pareciera haber tomado en serio lo dicho por Richman en cuanto a ser filósofos; razona pacienzudamente en busca de una respuesta sincera, acorde a sus creencias, y emite a rajatablas su modesta opinión:

-Para mí, éxito es sinónimo de fama, dinero, vino y mujeres, viajes, autos, mansiones, hacer que las otras personas trabajen para mí, poder estar en los mejores sitios, tener las cosas más costosas que el dinero pueda comprar, que mi familia sobresalga de las demás, ser respetado... Y ser exitoso, te responderé así de fácil: Es poder tener todo lo que te mencioné anteriormente.

-Ahora Richman, es mi turno para preguntar, y te devuelvo la pelota: ¡Me gustaría conocer tu respuesta para la misma pregunta!

-¡Caramba; viéndolo bien, eres bastante inteligente, amigo!...

Richman disfruta viendo como Will se turba y enrojece al oír su jocosa expresión refiriéndose a su persona, y procede de inmediato a retomar el asunto.

-Disculpa Will, era tan solo una broma para alegrar el ambiente.

-¡Tranquilo amigo, esa fue mi interpretación!- responde Will de forma atenta y serena.

-Ahora si voy en serio: Tu estrategia de escoger la misma pregunta me encanta, pues, si tú me lo permites, voy a darte mi visión actualizada de como entiendo el éxito hoy en día, y analizaré comparativamente tu versión con la mía, para que así vayamos en conjunto, construyendo el más claro concepto, que nos guíe correctamente día a día por la vida.

-Dale Richman, ¡me gusta tu estilo!

-Mi concepto más claro para definir el éxito es: "Conseguir un resultado positivo para lo que nos hemos propuesto como objetivo, una vez que hemos realizado todas las acciones oportunas para así lograrlo, y en consecuencia, este resultado nos debe conducir a un estado de plena satisfacción personal". Fíjate que lo anterior nos remite a comprender que el éxito es algo tan sencillo como lograr alcanzar un objetivo satisfactoriamente; no importa cuán grande o pequeño sea, si es para beneficio individual o colectivo, lo importante es que su consecución de seguro va a llenar nuestro cuerpo y alma de felicidad, paz, tranquilidad y seguridad.

Vivir implica de manera implícita y explícita, la fijación continua de múltiples objetivos, y como ya dijimos, pueden ser grandes o pequeños, y el "¡Sabor a Vida!", se lo agregamos cuando somos capaces de cumplir satisfactoriamente con ellos; de lo contrario viviremos sumidos en el fracaso, el desgano, frustración, tristeza y depresión. Las personas que son exitosas en la vida sueñan en grande; son aquellas que han aprendido a fijarse objetivos claros, factibles, y, como decimos coloquialmente: "Mueven cielo y tierra" de una manera tenaz, no importando que tan grandes o pequeños sean sus objetivos, es decir, están dispuestas a la acción, a dar lo mejor de sí y utilizar todos los medios lícitos a su alcance, a fin de lograr su ocurrencia, y especialmente, no dejan que sea el azar ó la providencia quienes les traigan felizmente sus resultados: Ellas salen a buscarlos. Saben que deben educarse, actuar con diligencia e inteligencia, constancia y perseverancia para lograr sus metas.

Fíjate Will, en la amplitud que tiene la palabra "logros"... Creo que con este ejemplo lo comprenderás con mayor facilidad, visto desde la perspectiva de una misma persona: Imagina a un médico cirujano quien ha culminado felizmente una operación de corazón: Este es un gran logro para él en su carrera profesional y humana, beneficiando a otra familia, al ayudarles a recuperar la salud de un ser querido. Resulta ser, que este mismo médico, tiene un ligero problema: Su documento de identificación personal está vencido y requiere de su renovación urgente, para lo cual, él toma una cita con la institución responsable de renovarlo; acude y obtiene su nuevo carnet de identificación: Algo tan simple, pero significa otro logro para él, llenándolo de satisfacción, al dejar de preocuparse por tener un documento caduco que le dificultaba su desenvolvimiento en otras actividades relacionadas a sus quehaceres diarios: Ahora disfruta de paz y tranquilidad al haberlo renovado. Así podríamos continuar agregando nuevos objetivos que esta misma persona desearía alcanzar en su vida: viajar, bajar de peso, aprender inglés, enamorar a una chica, hacer un nuevo postgrado para actualizarse en su profesión, comprar un nuevo aparato para electrocardiogramas de última generación, etc., y en consecuencia, aquel nuevo objetivo que vaya alcanzando, va a ir incorporándose como un nuevo logro para él. A lo que te quiero conducir Will, con todo el recorrido anterior, es que "logro" puede abarcar un objetivo tan grande y con mucha repercusión, así como puede ser uno tan pequeño e insignificante, pero ambos al alcanzarlos nos llenan de satisfacción. La persona exitosa es feliz, gracias a que ha aprendido a vivir y disfrutar cada una de las actividades que realiza... Así es que, después de que aprendí a disfrutar de mis pequeños y grandes logros sucedidos a cada momento del día, comprendí que en definitiva si soy una persona felizmente exitosa.

Para canalizar mi mente y cuerpo a que ponga en práctica todo lo que te mencioné anteriormente, he aprendido que no hay una mejor oportunidad para sellar un compromiso con uno mismo, que el momento de uno despertarse en la mañana, justo antes de levantarse: Doy gracias a Dios por la oportunidad de poder abrir mis ojos a un nuevo día, y me prometo a mí mismo, disfrutar al máximo de cada una de las tareas que voy a realizar durante todo su transcurrir: Comer, cocinar, caminar, poner agua a mis plantas, ir al mercado, al banco, visitar algún cliente para: tomar pedido, entregarle material o cobrar alguna factura pendiente, comprar alguna materia prima, llevar mi hijo al colegio, comprar alguna película, ir al cine, al restaurante... Ya en la noche, veo un rato la televisión u oigo música, escribo, y luego al acostarme, doy nuevamente gracias a mi Dios por todo lo que hice durante este día, dejando para mañana lo que es para ese día; entonces, me olvido de las preocupaciones y me entrego a Morfeo, a descansar mediante un relajado sueño. Esta rutina diaria ha sido una de mis mayores aliadas para vivir feliz.

-¡Caramba Richman! Gracias por tu amplia explicación acerca del término éxito y sus simples pero profundas connotaciones... Siento que me quedé corto con mi concepto... ¿Podrías ahora darme tu comentario?

Mientras Will emitía su opinión, Richman aprovechó de saciar su sed con agua... Después de su largo discurrir, bien se la merecía.

-Mientras tomaba agua y oía tus palabras -reinicia Richman su intervención-, se me ocurrió que puedo resumir con 7 palabras el concepto de éxito: "Convertir Satisfactoriamente en hechos concretos Nuestros Objetivos"

Respecto a tu concepto de éxito, según mi punto de vista no está mal, ya que todo lo que tú anhelas ciertamente son logros del éxito... La limitante que observo es que la fijación de tus objetivos es muy ambiciosa, sin oportunidad para las cosas simples, fuertemente inclinada a dar demasiada importancia al aspecto material y al egocentrismo, lo cual me permite especular que tú debes ser del tipo de persona que se deprime con facilidad por cualquier motivo, sintiendo mucho vacío en tu cuerpo y alma, aunque tu vida esté repleta de actividades realizadas y por realizar, debido al gran error de colocar solo lo material y la fama como una medida de tu éxito; trayendo en consecuencia el que vivas constantemente con un sentimiento de temor al fracaso, alejado de la alegría de vivir con sencillez, y disfrutar también de las cosas simples: ¡el Sol brillando en el firmamento!

-¡Caramba Richman!, me sorprendiste con tan certero análisis acerca de mis sentimientos como persona frente al éxito -exaltado aún por los comentarios de Richman, Will continúa con su nueva descarga-. Ciertamente, antes de oír tu análisis sobre el éxito, han sido contadas las veces en las cuales me he sentido exitoso, solo por el simple hecho, de que pensaba en que tenía que hacer algo muy espectacular para poder darle esta denominación, obviando por supuesto las cosas que hacía a diario, bien hechas, pero que no me daban "fama, dinero y prestigio", por lo tanto pasaban desapercibidas, como algo más que hacía dentro de mi rutina diaria de vida... Ahora bien, visto desde tu óptica, de fijar como objetivos a lograr, a todos mis actos diarios, sin importar su naturaleza y dimensión, solo procurando dar lo mejor de mí para que sus resultados sean satisfactorios, de seguro que esta forma de pensar y actuar me va a conducir hacia un estado de permanente disfrute de la vida y a ser felizmente exitoso. ¡Gracias amigo por abrirme los ojos al verdadero éxito!

Grandes Secretos De Mi Éxito

-Sí Will, me complace que hayas captado la esencia de este concepto, ese es el secreto, hay que permitir que el éxito nos persiga a todas partes y en todo momento de nuestra existencia, y solo podemos hacerlo, cuando nuestra manera de actuar concede importancia a todo lo que realizamos, tanto de las cosas grandes que nos proponemos hacer, así como de las más minúsculas, y aprendemos a disfrutar del resultado de cada una de ellas. Lo interesante de esta tesis, de ver al éxito constantemente en nuestro andar, en todo lo que hacemos, es que uno termina acostumbrándose a actuar de una manera proactiva en la búsqueda permanente de resultados positivos.

-¡Que gratificante ha sido esta conversación para mí!

Conmovido, Will expresa su emoción dando palmadas sobre el hombro de Richman, y sigue con su discurso.

-Por lo visto, le has dedicado bastante tiempo a prepararte sobre este tema... ¿Acerca de todo este asunto del éxito trata el libro que estás escribiendo actualmente?

-Si Will, estos temas del desarrollo personal, autoestima, gerencia del buen vivir, tales como: Actitud positiva, éxito, prosperidad, felicidad, son los que ocupan la mayor parte de mis pensamientos; trato de saber cada día más de todo lo relacionado con ellos, ya que estos son aspectos de vital importancia dentro de la vida de cualquier persona, pues son el fundamento para aprender a vivir con sencillez, con alegría, en paz y armonía con uno mismo, con nuestro prójimo, y con el ambiente que nos rodea.

Existe otro aspecto que no podemos dejar por fuera, muy curioso por cierto, y que sucede con demasiada frecuencia, es el temor que sienten algunas personas de alcanzar el éxito: Tan simple como iniciar los pasos necesarios para alcanzar un objetivo, y cuando se está muy próximo de lograrlo, la persona simplemente lo aborta, perdiendo todo el tiempo, recursos materiales y humanos invertidos hasta ese momento: La explicación que más se aproxima a esta conducta es el temor que la persona siente al no saber manejar la nueva situación que se le va a presentar, sobre todo si ella implica el tener que alejarse de la familia, tener fuerte limitación de espacio y tiempo libre para el esparcimiento, y todo ello ocasionado por un errático concepto de lo que es el éxito para ella; por perseguir objetivos que contradicen sus propias expectativas de vida, que realmente no son de su agrado y modo de ser, tomados quizás por la emoción del momento, motivados por un familiar, amigo, compañero de trabajo, estado de ánimo y situación del entorno... Por esto es muy importante conocerse bien a sí mismo, cuáles son nuestros intereses y que es lo que nos gusta hacer, para que así podamos fijar nuestros objetivos y dedicar nuestro tiempo y esfuerzos hasta verlos realizados.

-¡Absolutamente de acuerdo Richman! Yo soy una de esas personas que muy bien tú describes: Muchas ideas y proyectos he tenido para independizarme en lo económico: He invertido dinero y fines de semana en capacitación y compra de materiales para aprender un nuevo oficio; finalizo el curso, recibo el diploma y hasta allí llega mi emoción al ser incapaz de dar el siguiente paso de materializar el proyecto con todos sus riesgos y dedicación requerida, tan solo porque en verdad no me veo dedicado firmemente a realizar esa actividad.

Ya el sol ha bajado su intensidad; una fresca y fluida brisa comienza a sentirse en todo el entorno del parque.

-Will, no sabes el placer que siento poder compartir este tema del éxito contigo; pude notar tu sincero interés por debatir sobre éste tópico; disfrutaste cada minuto de nuestra conversación: Para que logres fijarla y te enamores de esta nueva forma de pensar, practica dialogando con tu hijo, familia, compañeros de juego y trabajo, con todo el que te quiera oír... Investiga por internet todo el material que consigas relacionado con este tema, lee libros, en fin, crea el hábito del Pensamiento Positivo en ti. Aléjate lo más que puedas de las personas, conversaciones y situaciones que promuevan comportamientos y actitudes negativas.

Grandes Secretos De Mi Éxito

-Gracias Richman por tus sabios consejos... ¿Tú crees que mañana podamos regresar acá y continuar hablando de estas cosas útiles para la vida?

-Mañana es domingo, Will: Podríamos vernos en este mismo sitio a las 8 am, pero hasta las 11 am, pues quede en salir mañana con mi familia a almorzar por fuera.

-Estupendo amigo, ¡si, dalo por hecho!

-¡Vámonos ya a caminar, compañero!

Éxito, Prosperidad, y Actitud Positiva

El domingo es un día en el cual Richman acostumbra a permanecer en su cama por un largo rato antes de levantarse; holgazaneando, entretenido viendo sus programas favoritos en la televisión... Esto es algo que le resulta difícil hacer durante los demás días de la semana, por razones de su trabajo y del sin fin de diligencias personales y del hogar... Hoy decidió romper con su rutina dominical, para cumplir con el compromiso de continuar su interesante y amena tertulia durante las primeras horas de la mañana con su amigo Will.

Richman, un hombre enemigo de andar apurado, se levantó temprano, para tomar de una manera calmada, una buena ducha, preparar su infaltable aromático café y hacer un suculento desayuno criollo para él y para brindar a su esposa e hijos quienes duermen plácidamente sin ningún ánimo de levantarse todavía. El amor por la buena comida, es una de las costumbres que heredó de su amada madre, y hoy uno de sus hobbies favoritos es cocinar para compartir con sus familiares y amigos.

Luego de desayunar, Richman parte en su automóvil rumbo hacia el Parque del Este. Durante una breve parada en uno de los semáforos de la avenida Libertador, él aprovecha para comprar al pregonero, la emisión dominical de los dos diarios de circulación local: "El Impulso" y "El Informador", los cuales circulan los domingos con el ejemplar de las revistas "Gala" y "Estampas" respectivamente, cuya calidad de contenido literario y de entretenimiento, son de uso obligado para él durante este día festivo.

Justo en el preciso momento en el que Richman se encuentra estacionado en el canal derecho comprando los diarios, siente un persistente y sonoro claxon del lado izquierdo de su automóvil: Una silueta bien conocida para él, desde el interior del vehículo detenido a su lado, con una amplia sonrisa y haciéndole gestos efusivos con manos y cabeza en son de saludo, le conmina a juntarse más adelante y seguidamente reanuda su marcha.

Richman y Will, luego de su efímero contacto en el

semáforo, han llegado prácticamente de manera simultánea al Parque del Este. Bajándose de sus autos aparcados en el patio del estacionamiento, ambos amigos se abrazan y se saludan cariñosamente, para luego emprender una relajada caminata en búsqueda de un banco con sombra para sentarse.

-¡Amaneció hoy un día bastante fresco y con un radiante sol!

Son las 8 y 10 minutos de la mañana cuando Will hace este comentario del tiempo.

-¡Sabroso compañero!-replica Richman estirando sus brazos como con ganas de abrazar al cielo y la tierra al mismo tiempo.

-¿Ya desayunaste Will?... En aquel quiosco verde que ves allá-Richman con el brazo extendido y apuntando con su dedo índice señala el sitio en cuestión-, venden unos pasteles de carne, de jamón y queso ¡muy buenos!

-Gracias Richman, pero ya desayuné: Mi viejecita hizo unas arepas rellenas con perica (huevo revuelto con tomate y cebolla) y me sirvió dos, acompañadas con una buena taza de café con leche caliente.

Grandes Secretos De Mi Éxito

-¡Caramba! Que costumbre la nuestra Will, de no salir a la calle, sin antes meterle algo al buche.

-¡Jajaja!, cierto amigo; si esos vendedores de comida están contando con nosotros para salvar su día, de seguro se van a ir con las tablas en la cabeza y todos arruinados...

Señalando hacia el quiosco, Will ríe de su chiste, a lo cual Richman se le suma de inmediato; así, ambos disfrutan de un pequeño y agradable momento de jocosidad matutina.

-Will, cambiando de tema -Richman da inicio a la conversación prometida-, ¿tú recuerdas lo fogoso que era yo cuando estudiábamos en la universidad? Siempre quise ser el primero en tener la respuesta para algo, y como me gustaba desmenuzar cada asunto para mostrar los pro y contras, y así tener argumentos de peso para convencer a mi contrincante; también recuerdo el furor con el cual defendía mis ideas. Siempre me incliné de manera férrea hacia la verdad y transparencia de los hechos, sin importarme si la forma de dar mis respuestas ó afirmaciones podían herir el sentimiento ajeno. Otra de las cosas que más dificultades me dio, y aún me quedan secuelas por controlar, era mi tendencia a tomar cualquier asunto con extrema seriedad, dejando poco margen de flexibilidad hacia la opinión de los demás; recuerdo que mi lema favorito era: "Es ó no es, no hay punto medio: es blanco ó es negro"... En la actualidad me digo a mi mismo: Como me hubiese gustado haber sabido en mi juventud, el gran abanico de tonalidades de grises que hay entre el negro y el blanco al igual que en muchas situaciones de la vida, y que, el arte de vivir consiste en ser tolerante y aprender a lidiar con todas ellas.

-Claro que recuerdo toda esa vieja personalidad tuya! Fueron muchas las veces en que me tocó probar tus ácidos gestos y respuestas cuando sentías que no podías convencerme; al extremo de que te encerrabas en ti mismo y dejabas de hablar por un largo rato. Esta actitud la asumías tanto conmigo, como con los demás compañeros; y lo peor del caso era que la gran mayoría de las veces tú tenías razón en tus planteamientos, pero tu impaciencia hacía que te ofuscaras con extrema rapidez y la conversación no llegara a un final feliz... Tú siempre fuiste una excelente persona, preocupada por el bienestar de los demás, pero tu falta de tacto para decir las cosas hacían que el ambiente que se respiraba al estar junto a ti fuese tenso y pesado, que de no ser así, tus ideas nos hubiesen ayudado a lograr muchos más cambios positivos en el grupo de amigos.

-Magnífico retrato has realizado del "antiguo Richman".

Richman, esta vez respondió en un tono melancólico, acompañado con un estado de ánimo embargado por el pesar; visiblemente impactado al revivir viejos recuerdos de su atropellada personalidad, que si bien le había permitido lograr grandes triunfos individuales en su actividad académica y laboral, en el aspecto de relaciones humanas eran muy pobres los resultados para esa época, rodeado de un minúsculo círculo de amistades.

-Doy gracias a uno de mis jefes -confiesa Richman a Will-, que al igual como lo acabas de hacer tú, me dijo esto de forma muy motivadora: Richman, tú eres un excelente ingeniero, con una preparación intelectual y vocación de servicio envidiable y estás destinado a llegar bastante lejos dentro de este medio empresarial; tienes un grave defecto que debes corregir de inmediato, puesto que si no lo haces, él se encargará de frenar tu desarrollo personal; pero no te preocupes, yo te voy a enseñar cómo puedes controlarlo: Tú hablas con mucha rapidez y sueltas demasiada información al mismo tiempo, sin siquiera detenerte para evaluar el impacto y consecuencias que ella puede causar en tus oyentes. He aquí mi gran secreto para ti, el cual debes tener siempre presente cada vez que tengas la oportunidad de dirigirte a una ó más personas en cualquier circunstancia de tu vida diaria: "Que tu mente sea más rápida que tu lengua".

-¡Tremendo secreto te reveló tu jefe! —admirado y sorprendido, Will se deleita repitiendo con voz propia, la recién frase recitada por Richman- Que lástima el que tú no hayas conocido, ó mejor dicho, hayamos conocido este sabio y poderoso consejo durante nuestra adolescencia para haberlo aplicado en la conducción de nuestras vidas.

Grandes Secretos De Mi Éxito

-¡Claro que hubiese sido estupendo!; fíjate Will en la estrecha relación que tiene la frase anterior con nuestro tema del Éxito: Muchos de los objetivos que tenemos planteados en nuestras vidas, tienen un alto porcentaje de participación conjunta con otras personas para poder lograrlos. Una gran mayoría de ellos no llegan a concretarse por el simple hecho de no existir una clara, efectiva, emotiva y respetuosa comunicación entre las partes involucradas. Hay que ver como pesa un gesto, una palabra, o una frase mal dicha, sobre todo si es ofensiva y denigrante: Es como arrugar con las manos, una hoja de papel; por más que se estire después para enderezarla, nunca más volverá a ser igual. Todo esto puede evitarse en un alto grado, cuando pensamos bien en la respuesta que vamos a dar a alguien, y las palabras apropiadas que vamos a utilizar antes de que abramos la boca para decirlas.

-Claro Richman, es evidente de que existe una conexión directa de esta frase con el Éxito... ¡Ahora la voy a adoptar también para lograr ser una persona exitosa!

-¡Hazlo Will, seguro nunca te arrepentirás de ello!

Richman fija su mirada de una manera directa y profunda sobre Will, ocasionando en éste una ligera perturbación.

-Caramba amigo, y ¿esa mirada?

Grandes Secretos De Mi Éxito

-Viéndote a ti y tu reciente fascinación por este tema del éxito, me vino a la mente la imagen de tu hijo Noel, y lo interesante que puede ser para él, contar con el apoyo incondicional de un padre preparado adecuadamente en los tópicos relacionados al pensamiento positivo.

-¡Verdaderamente Richman, si que eres un gran tipo y te agradezco profundamente tu interés por querer ayudar a los demás! El haberme encontrado contigo durante estas vacaciones, es lo mejor que me ha podido suceder. En tan poco tiempo, me has transmitido tanta información útil, que me va a permitir dar un vuelco más agradable a mi vida: ¡Gracias Richman!

-Siempre es placentero el poder ayudar a los amigos. Ayer lo hicieron conmigo, mañana tú lo harás con alguien más: Esta cadena no debe parar.

-Cuenta con ello Richman.

-Will, es necesario que comprendas que la frase: "Que tu mente sea más rápida que tu lengua", es apenas la punta de un iceberg en relación al tema del pensamiento positivo.

-Entonces amigo, ¿podrías mostrarme el iceberg completo?

Grandes Secretos De Mi Éxito

-¡Seguro que sí!: Ya estás consciente de que el "Éxito es lograr satisfactoriamente los objetivos propuestos", ahora bien: Detrás de todo logro, aunque generalmente no nos damos cuenta debido a que nos parece algo normal, existe toda una logística de acciones que debemos realizar para que efectivamente los objetivos se conviertan en hechos concretos, y aquí es donde entra en juego la parte completa del "iceberg de conocimientos" que te van a permitir que todas esas acciones sean efectivas: "Actitud Positiva" es la clave para todo este asunto.

-¡Que interesante Richman!

-¿Qué es actitud para ti, Will?

-¿Actitud? Hasta donde llegan mis conocimientos, "Actitud" es la forma de comportarse que tiene una persona...

-¡Correcto amigo! -responde Richman y complementa la respuesta de Will- También se puede decir que es nuestra forma de ser y de actuar: Es nuestro comportamiento, bueno o malo, para hacer las cosas. Fíjate que de manera resumida, la frase que discutimos hace rato de pensar antes de hablar, es una forma de actuar y por lo tanto está dentro del contenido del gran iceberg de la actitud, tal como te lo comenté. Ahora te hago nuevamente esta pregunta: ¿Que es para ti Actitud Positiva?

-Continuando con la definición de éxito que aún retumba en mi cerebro -dando leves golpes con su mano sobre su cabeza, Will responde-, te diría que Actitud Positiva es una manera de comportarse de una forma alegre, optimista, amable conmigo mismo y con los demás, creer que puedo lograr todo lo que me proponga hacer.

-¡Válida: 18 puntos!... ¡Muy buena tu definición; ahora permíteme complementarla un poco más: Ciertamente, la Actitud Positiva es un hábito de comportamiento el cual se caracteriza por creer que podemos lograr cumplir nuestros objetivos a satisfacción (exitosamente) a través de la acción, y es por ello que debemos entonces crear y ejecutar todas las acciones necesarias, de manera honesta, cuidando el bien común y el de nuestro prójimo: La "Acción" es el ingrediente indispensable para convertir los objetivos en hechos concretos, y es aquí donde la mayoría falla, pudiendo más la inercia manejar su manera de actuar, y por lo tanto, el éxito se va quedando solo como una utopía, y para el colmo del caso, es la teoría del pensamiento positivo quien termina pagando los platos rotos, ya que la persona en vez de reconocer que no hizo todo el esfuerzo necesario por lograr sus sueños, termina diciendo de que es pura basura y que no funciona: Lo primero que debes hacer tú, Will, si en verdad quieres lograr cambios importantes en tu vida, es curarte del mal que sufre la mayoría de la gente, el cual es disfrutar de vivir en la desgracia y no con el bienestar. Algo más que debes tener presente: Una persona con actitud positiva nunca usará su talento para perjudicar de una manera premeditada, con alevosía, a ninguna otra persona o cosa con el único fin de lograr sus objetivos: ¡Tus logros deben ser limpios para que los puedas disfrutar a plenitud!

-Ahora no me hace falta que me señales la relación entre el éxito y la actitud positiva: La segunda garantiza la existencia del primero de los mencionados -comenta muy emocionado Will.

-Exacto: Una actitud positiva asegura nuestro éxito.

Richman reafirma la sentencia de Will y aprovecha para continuar explorando los conocimientos de su amigo.

-Will, ¿qué papel crees tú que juega el término "Prosperidad" en todo este asunto de la actitud positiva y del éxito?

-Considero que la prosperidad viene siendo como el final de esta cadena; me explico: Mediante la Actitud Positiva voy adquiriendo el hábito de comportarme de una manera proactiva, aprendiendo a crear estrategias de acción para garantizar que mis objetivos se logren satisfactoriamente, por lo tanto, en consecuencia voy alcanzando el éxito y así puedo convertirme en una persona exitosa... Con el éxito vendrá en consecuencia la prosperidad: Una vida económica más holgada, cumplir mis sueños de tener un buen auto, una casa, que mi hijo Noel haga su carrera universitaria, ayudar a mis padres, hermanos y familiares... En fin, ¡así podré cumplir mis sueños!

-¡Excelente respuesta Will!, te felicito, ¡has logrado ser un maravilloso discípulo!... Solo te deseo reiterar que la prosperidad es un estado de mejora continua del aspecto económico y también incluye aquellos otros aspectos que forman parte de nuestra vida social e individual: amor, paz, amistad, solidaridad, respeto, tolerancia, alegría de vivir, compartir... Es decir, una persona netamente próspera es aquella que genera progreso tanto en lo económico, social, moral y espiritual.

-Menos mal que me recordaste esos otros aspectos relacionados a la prosperidad... Entonces debe ser por eso de relacionar la prosperidad solo con el aspecto económico, el que muchas personas, aún con todo el dinero del mundo, no logran alcanzar la felicidad.

-Ya vas entendiendo en su dimensión justa, cual debe ser el camino hacia la felicidad... Nunca olvides las sabias enseñanzas de vida del mejor maestro de todos los tiempos: Jesús; recuerda siempre su amable invitación de acudir a su fuente de conocimientos: "Yo soy el camino, la verdad y la vida, nadie viene al Padre sino a través de mi"; sigue sus consejos sin fanatismo de algún tipo: sus enseñanzas son para todos los habitantes de la tierra, para construir un Reino de Paz, Amor, Prosperidad para cada uno de todos nosotros, sin distingo de raza, credo o religión, político, y condición social.

-Gracias también por recordarme esta maravillosa y eterna fuente de sabiduría -comenta Will muy entusiasmado.

-Bueno amigo, ya se acercan las 11 am.

Mirando su reloj, Richman recuerda a su amigo que es hora de la despedida.

-Richman, gracias por haber compartido conmigo durante estos días, tus peripecias por la vida y tus aprendizajes... Mañana en horas de la tarde regreso al oriente del país. Nos mantendremos en contacto por teléfono y por internet.

-Ha sido un verdadero placer para mí el haberme reencontrado contigo. No vayas a dejar que se enfríen tus ansias de obtener conocimientos para mejorar tu desarrollo personal y calidad de vida. Investiga y profundiza por internet, compra libros y revistas que te ayuden a ampliar tu horizonte sobre la Actitud positiva.

-Richman, siempre que consigas información relacionada con este tema, por favor envíamela por email.

-Para que te vayas preparando antes de tu jubilación, te voy a enviar vía correo electrónico, un Decálogo que yo hice acerca de los aspectos que considero que son los que me han ayudado a conseguir el éxito en mis negocios. No es algo de otro mundo, pero estoy seguro de que te será muy útil como guía para tus futuros planes de jubilación.

-Nuevamente mi agradecimiento por tu preocupación hacia mi persona. Eternamente agradeceré este gesto tuyo.

-¡Cuenta con eso!

Decálogo del Éxito

Ubicado en la biblioteca de su casa, sentado plácidamente frente a su computador elaborando el informe de Compras & Ventas e impuesto al valor agregado (IVA) del mes que recién finalizó, de súbito, un destello de luz cruza por su mente: Richman recuerda su promesa del pasado fin de semana de enviar a su amigo Will, un email con la copia de su "Decálogo del Éxito", término con el cual él auto denomina, a la recopilación de una serie de apuntes que son el resultado de un análisis introspectivo, el cual Richman se hizo a si mismo con la finalidad de poner en "blanco y negro", todos aquellos aspectos que forman parte de su actitud y que le han acompañado en la conducción de su vida personal y la de los negocios por el sendero de la prosperidad que hoy él disfruta. Este trabajo de recopilación de tan importante data, fue motivado a su ferviente deseo de escribir sus memorias, con el objetivo de facilitar el camino hacia el éxito económico y personal, a todas aquellas personas que decidan transitar por este duro, fascinante y emocionante mundo del emprendimiento empresarial, entendiendo siempre, que la mayor empresa que tenemos que sacar adelante es nuestra propia vida. Dentro de ese universo de personas elegidas, tácitamente han sido incluidos sus hijos, quienes sin saberlo, han motorizado el interés de Richman por realizar este trabajo con la mayor claridad y sencillez posible, para que su utilidad no pierda vigencia en el tiempo.

-Al fin logré terminar de hacer mis informes mensuales: Un trabajo tedioso, pero necesario para la supervivencia del negocio.

Richman, luego de tomar un largo sorbo de café, se levanta para estirar todo su cuerpo y exhalar profusamente en son de alivio por haber cumplido con una más de sus tareas programadas para el día de hoy.

-En lo que resta del día, voy a ocuparme con lo del envío del Decálogo a mi estimado amigo Will y luego veré una película por internet... Veamos donde lo tengo archivado -sentado frente al monitor de su PC da inicio a la tarea visual de búsqueda del mencionado archivo-: Si mal no recuerdo, lo debo tener guardado en mis documentos Microsoft Word, en la carpeta "Actitud Positiva"... ¡Aquí está!, vamos a abrirlo para revisarlo.

Grandes Secretos De Mi Éxito

-Son cosas tan simples y evidentes las que he escrito aquí, las cuales la mayoría de las personas las descuidan por omisión o ignorancia quizás, y es por ello que en vez de triunfar, cercenan rápidamente el derecho a la vida de su neonato deseo de emprendimiento empresarial.

-Bueno, voy a redactar un email para enviarle a Will esta "joya" que me ha otorgado la universidad de la vida:

"¡Mi muy querido y estimado amigo!

Es un gran placer para mí, el volver a mantener contacto contigo, y así poder continuar nuestra interesante conversación a través de estas emotivas líneas. Te quiero prevenir sobre la sencillez de contenido de mi Decálogo, cuyos aspectos señalados quizás muy probablemente ya estás cansado de oír. Sin embargo te deseo reiterar que el gran secreto para transformar tu vida, y a lo mejor esto si no lo has oído con mucha frecuencia, está en que pongas 100% en acción cada uno de ellos durante las 24 horas del día los 365 días del año hasta que se conviertan en tu "hábito" personal. A mi me han funcionado a plenitud, y también deben funcionar para todas aquellas personas que los incorporen seria y permanentemente en su forma de ser y actuar (actitud). Te sugiero discutir con tu hijo Noel todo el contenido de este Decálogo. Asimismo, mucho sabré agradecer tus oportunos comentarios, sugerencias y críticas constructivas que a bien quieras hacerme; tienes plena libertad de ampliar su contenido con otros aspectos que por tus experiencias vividas creas deberían formar parte de la "Actitud" de una persona triunfadora. Recuerda que así como somos y actuamos, así serán nuestros resultados. Como seres humanos, no estamos exentos de decaer en cualquier momento; equivocarnos y corregir es símbolo de que andamos por el camino correcto. Para terminar, si esto que te voy a decir puede servirte de aliento en todo tu nuevo peregrinar, me sentiré uno contigo: Yo aún, con todos los años que he dedicado a adquirir este positivo Estilo de Vida, siento que me falta mucho por aprender; pero cada día por mis hechos, evidentemente sé que soy una mejor persona. Me olvidaba decirte: Al final del Decálogo te anexo unos artículos, que también he escrito para algunos sitios web en los que participo, que considero pueden complementar tu formación. Sin más al respecto, con un fuerte abrazo y muchas Bendiciones para todos, se despide temporalmente, tu amigo Richman".

Decálogo Del Éxito

Este manuscrito es una especie de recordatorio de los aspectos que siempre debemos estar vigilantes de que sucedan en todo nuestro actuar, para mantenernos como una persona exitosa por un largo tiempo. Debemos crearnos un compromiso personal de leer este material al menos una vez al año y reeditar su contenido con nuestras propias experiencias positivas de vida que vayamos adquiriendo durante este período. También debemos hacernos este otro compromiso, como es el de escoger a otras personas de nuestro entorno familiar, amigos, compañeros, para compartir estos conocimientos que conducen a tener un nuevo y saludable estilo de vida que mejora sustancialmente la calidad de vida a quienes decidan trabajar tenazmente en desarrollar una nueva personalidad. Este paso debes darlo solo cuando en verdad consideres que esta decálogo haya realizado cambios concretos en tu forma de ser y actuar para que puedas promover en ellos el vívido interés por lograr lo mismo que tú. Este efecto multiplicador permitirá la generación constante de más gente buena para un mundo mejor.

* Tener una Actitud Positiva:

Tener una Actitud Positiva significa lograr sincronizar Cuerpo-Mente-Espíritu tal que comencemos por creer de que somos capaces, y estamos dotados del don para lograr nuestros objetivos y metas de una manera exitosa si actuamos de una manera consciente, inteligente, con nosotros mismo y con el entorno de personas y cosas involucradas y que se relacionan con el logro de nuestro objetivo.

Este es el principal hábito que debemos cultivar para tener

una personalidad atrayente del éxito. Solo con la acción tenaz y constante de las tareas que nos propongamos para lograr nuestras metas y objetivos es la única garantía para tener resultados exitosos. La manera de enriquecer y fortalecer este hábito en nuestro interior es mediante la adquisición y práctica de herramientas técnicas de: Control y relajación mental, visualización positiva, programación neurolingüística. Practicar algún deporte o actividad física para mantener una buena salud corporal. También debemos dedicar tiempo a la lectura de literatura relacionada con el crecimiento personal. Algo adicional que debe acompañar a la lectura es escribir con nuestras propias palabras y estilo, todas aquellas ideas positivas que pasen por nuestra mente: Esto nos ayuda a despertar nuestra propia capacidad mental, al tener que desarrollar nuestro propio guión del tema en consideración. Aléjate de personas y situaciones que promuevan comportamientos negativos. Internet tiene muy buen material escrito, audio, videos relacionados a fomentar la Actitud Positiva.

Aprender a sonreír y ver el lado positivo de las dificultades ayuda en la búsqueda de soluciones a los problemas. Vigila constantemente tu rostro para que te asegures de que mantienes una sonrisa franca y fresca, invitando al dialogo a todo el que se encuentre a tu alrededor, a tu prójimo y a ti mismo a tener ideas positivas y renovadoras.

Grandes Secretos De Mi Éxito

* Escoger la actividad que se identifique con nosotros.

Se es Felizmente Exitoso cuando disfrutamos realizando las cosas que nos gustan hacer.

Antes de incorporar una nueva actividad en nuestras vidas, debemos visualizar primero como nos sentimos realizando tal actividad y si es de nuestro agrado pasar el tiempo dedicándonos por entero a ella: Esto aplica también a la hora de escoger un trabajo, establecer un negocio propio, seleccionar un hobby o club, formar una pareja, escoger una profesión, etc.

* Aprender a elaborar un Plan de Negocio.

Esta es una maravillosa herramienta de gerencia que nos va a ser de mucha utilidad a lo largo de toda nuestra carrera profesional y personal. Sirve para escrutar cualquier idea de negocio, permitiéndonos conocer su grado de factibilidad para así poder tomar una certera decisión a la hora de invertir nuestro tiempo y recursos materiales y financieros en la búsqueda de nuestra prosperidad económica.

* Tu Proveedor es tu gran aliado.

Bien sea que nos dediquemos a la producción de bienes o servicios, debemos poner de nuestro lado a todas aquellas empresas y personas que nos proporcionan alguna materia prima, servicio, mano de obra cualificada ó no con el fin de que el producto que produzca nuestra empresa mantenga su perfil de calidad y presencia en el tiempo dentro del mercado consumidor.

Un trato cordial y respetuoso; información clara y precisa de nuestros requerimientos, y puntualidad en el cumplimiento de nuestros compromisos operacionales y de pagos, mantienen las puertas abiertas a nuestras necesidades de suministros y crediticia.

* **Descubrir necesidades y cubrir las expectativas del Cliente**.

Nuestro cliente también es nuestro amigo.

Antes de vender algo a nuestro prospecto de cliente, es imperativo el mantener una conversación directa y franca para conocer cuáles son sus necesidades específicas que debemos solventar en determinado aspecto, y que nos establezca las condiciones que considere cubre la solución a su problema. Esto nos debe conducir a conocer en detalle, buena parte del personal e instalaciones, y operaciones de trabajo que se involucran en dicha solución. Solo después de haber indagado este punto, es cuando podemos decidir cual o cuales de nuestros productos son la solución a su problema. Esta selección debe ser la más justa y simple, que le ocasione la menor erogación posible de tiempo y dinero al cliente. Él debe sentir confianza en nuestra consejería y solo mediante ésta etapa del proceso de venta es cuando podremos establecer una cartera de clientes fieles y satisfechos con nuestra empresa.

* **Atención al Cliente**.

Una de las experiencias más bonitas y agradables que se puede vivir dentro del mundo comercial, es la de acompañar a nuestro cliente en el uso eficiente de nuestros productos. La función de venta no culmina cuando alguien paga y recibe nuestra mercancía: Apenas este es el nacimiento de una relación cliente-proveedor, que debemos esforzarnos por mantener por un largo tiempo, y así como los artistas sueñan con tener su estrella en Hollywood, nosotros debemos soñar con que el nombre de nuestro consumidor pase a enrolar nuestra Cartera de Clientes satisfechos. La manera más práctica de iniciar una efectiva atención al cliente, es asegurarse de inmediato, una vez que el cliente ha recibido el producto, que el uso por parte de él, en cantidad y forma, sea el indicado según el catálogo descriptivo del mismo; para ello debemos tomar todo el tiempo necesario para brindar una clara asesoría al personal involucrado directamente con el uso del producto, todo en mira de que la prestancia del servicio sea la de lograr la plena satisfacción del cliente.

* Aprender del Cliente.

Desde el inicio de nuestra empresa, siempre hemos creído en la importancia de mantener un diálogo franco y abierto con cada uno de nuestros clientes, sobre todo para conocer su grado de satisfacción en cuanto a nuestra atención personal y profesional, así como la calidad de funcionamiento de nuestros productos. Parte del resultado, es que la mayoría de nuestros productos han sido rediseñados, adecuando sus especificaciones originales de fabricación, por otras "nuevas" formulaciones, nacidas gracias a estos diálogos de campo con los usuarios, cuyas opiniones y sugerencias permitieron el desarrollo de un producto mejorado, el cual tiene el óptimo funcionamiento esperado por el cliente. Hoy en día contamos con una canasta de productos que se adaptan perfectamente a sus necesidades, gozando del aprecio y confianza por parte de cada uno de ellos. Nuestro eslogan interno en planta es: "Aquí trabajamos para fabricar lo que el cliente quiere". Para el personal de ventas tenemos este otro: "Investiga lo que el cliente realmente necesita, y asegúrate de que reciba y use el producto de una manera correcta y eficiente". La otra parte del resultado de esta simbiosis Cliente-Proveedor es que hemos logrado captar la fidelidad hacia nuestra compañía.

El cliente puede ser un gran maestro y colaborador para el proveedor que mantiene su mente, ojos y oídos bien abiertos, y con una disposición incondicional a innovar para dar lo mejor a sus consumidores.

* Mantener la Calidad del Producto.

Si bien es cierto que un trato amable y cordial ayuda a afianzar las relaciones con nuestros clientes, jamás debemos olvidar que ellos también valoran la calidad de nuestros productos, y hasta disfrutan recomendando su uso a terceras personas.

Para mantener la calidad de nuestros productos, debemos vigilar con celo, el que se cumplan estos aspectos básicos: Seguir al detalle las normas y procedimientos de fabricación, selección adecuada de las materias primas, asegurarse de que el personal sabe correctamente los procedimientos técnicos y normas de elaboración, manejo correcto del producto terminado, tal que permita mantener su calidad de presentación al cliente.

Grandes Secretos De Mi Éxito

Ante cualquier variación en tus costos de producción: Materia prima, embalaje, mano de obra, servicios, etc., procede a realizar los ajustes equilibrados de precio de venta para tus productos, siempre manteniendo en el horizonte la calidad. Nunca caigas en la tentación de deteriorar la calidad del producto a cambio de bajar o mantener el precio para mantenerte dentro del mercado ó querer competir con algún otro proveedor que vende a precios muchos más bajos pero con una calidad cuestionable. Los clientes entienden y aceptan las subidas razonables de precios, cuando continúan recibiendo el producto acostumbrado. Lo contrario no es admisible para ellos. Todo producto adquiere un perfil que lo identifica. Si se lo cambiamos por alguna razón, dejará de ser el mismo, el cliente inmediatamente reconoce el cambio y pone en dudas su fidelidad futura por este producto. En consecuencia la empresa que lo produce pone en juego su permanencia en el mercado. Así es como lograrás establecer una sólida cartera de clientes.

* Administrar el Negocio.

Una mala administración de los recursos materiales, humanos y financieros, limita el tiempo de vida a una empresa, al igual que lo hace el cáncer con los seres humanos.

Grandes Secretos De Mi Éxito

Montar un negocio del cual no vamos a estar pendientes, es como dejar un hijo a la deriva, sin guía ni orientación que lo conduzca por el buen camino hasta convertirse en un ser útil y próspero. Es tirar dinero a la calle ó como decían mis ancestros: "gastar pólvora en zamuros (buitres)".

Una materia prima o cualquier otro material derrochado, causa mucho daño a la economía empresarial. Trabajos mal realizados u ocio injustificable deben corregirse. Invertir dinero en materiales con poco movimiento en vez de hacerlo con aquellos que generan buen flujo de caja es una política errada, que puede conducirnos a requerir empréstitos innecesarios para financiar la improductividad.

Un sano consejo que nunca pierde vigencia, se resume en este sabio refrán: "El ojo del amo engorda el caballo": La vigilancia de cerca de cualquier negocio es la que permite tomarle el pulso al mismo, para tomar las decisiones correctivas de inmediato, a fin de encaminar sus resultados por la vía de la prosperidad.

* Reinvertir las Ganancias.

Aquí podemos hacer un útil y sabio acomodo de la hermosa oración del Padre Nuestro: "... no nos dejes caer en la tentación..." de gastar todos los ingresos de la empresa, olvidando reponer las materias primas e insumos y honrar compromisos adquiridos con terceras personas.

Muchas empresas, sobre todo las pequeñas que son administradas directamente por sus dueños o encargados, tienden a fracasar prematuramente por mal manejo de su flujo de caja; viviendo una fantasía de gastos efímeros, ajenos al normal funcionamiento del negocio, olvidando que, buena parte del dinero que ingresa por las ventas (aproximadamente 60 %), se corresponde al gasto de personal, materias primas e insumos, así como el uso de servicios externos, las cuales deben ser repuestas y canceladas para poder mantener el circuito de producción y ventas.

Una empresa que recién inicia operaciones, salvo con algunas excepciones, puede tardar de uno a dos años para poder generar un nivel de ingresos por encima de su punto de equilibrio (ventas = gastos). Etapa dura, que pocos emprendedores están dispuestos a sobrellevar, por lo tanto, solo el férreo deseo de salir adelante, hace que todo nuestro interés se enfoque en hacer que la empresa se enrumbe por caminos seguros, dejando nuestros intereses personales en un segundo plano. Tiempo llegará para el gasto complaciente, cuyo disfrute hará vibrar cada una de nuestras fibras por un largo rato.

Grandes Secretos De Mi Éxito

Una actitud inteligente con nuestro negocio, es invertir cualquier excedente de dinero en la compra de materias primas e insumos críticos. Por una parte se protege a la empresa de la inflación, ya que la variación en los precios de estos materiales es superior a lo que pueda ganar nuestro dinero en intereses al estar guardado en las bóvedas del banco. También la reinversión permanente en materia prima nos protege contra períodos de escasez, evitando nuestra salida del mercado por falta de insumos para producir.

A manera de símil, este es mi consejo para cualquier empresario que desee mantener activo su negocio: "Recordemos estar atentos de comprar la harina y demás ingredientes para garantizar el pan a nuestros clientes".

* Honrar los compromisos fiscales, laborales y comerciales.

"La mejor trampa es pagar".

La persona que honra sus compromisos a tiempo, consigue que hasta el Cielo se lo den a crédito.

No existe experiencia más grata que el oír decir de la boca

de un proveedor: "Entreguen a X lo que él necesite. Nunca hemos tenido que andar detrás de él para que nos cancele sus facturas".

Un buen proveedor puede llegar a ser tu mejor patrocinador y trampolín financiero para el crecimiento de tu empresa.

La persona que trabaja para nosotros debe tener plena seguridad de contar oportunamente con su salario y prestaciones sociales, para que pueda cubrir sus gastos a tiempo, y así tenga la paz y tranquilidad necesaria para dedicarse de lleno a su trabajo.

Cancelar nuestros impuestos a tiempo debe ser visto por parte nuestra, como nuestra contribución social para ayudar al progreso de las demás personas que habitan en nuestro país.

* Perseverancia y consolidación del negocio.

Así como se le rinde culto al "Soldado y héroe desconocido" por su aporte anónimo en la consolidación de un determinado hecho histórico, de la misma manera debemos abrazar a la "Perseverancia", que de una manera tácita, sumisa e inteligente, nos concede el "don de la constancia" para continuar con nuestras acciones y penurias durante el tiempo que haga falta para lograr cumplir con nuestros objetivos de una forma exitosa.

El caer y volver a levantarse, analizar lo ocurrido, eliminar los aspectos y estrategias erradas, incorporar nuevas tácticas y rutas en nuestro accionar, hacen que la perseverancia no se convierta en una rutina vana y aburrida, garantizando que en cualquier momento llegaremos a nuestra meta de consolidar nuestro negocio y en cualquier evento de nuestro interés.

* Disfrutar la Vida.

La vida se hizo para vivirla con alegría. Aprovechemos cualquier ocasión para dar lo mejor de nosotros: en el trabajo, con la familia y amigos, con nuestro prójimo. Una persona agradable, solidaria, alegre, positiva, es bienvenida en cualquier parte y todos los demás quieren disfrutar de estar con ella.

* Dedicar tiempo a la familia, amigos y a sí mismo.

Grandes Secretos De Mi Éxito

El trabajo consume un porcentaje alto de nuestra existencia, por lo tanto, hagamos que el tiempo que dedicamos a él, transcurra de la manera más placentera posible, y podemos lograrlo haciendo nuestro trabajo con amor y dedicación, manteniendo relaciones respetuosas y cordiales con nuestros compañeros y con el entorno laboral.

Una de las razones por las cuales trabajamos fuerte, es para proveernos de la cantidad suficiente de dinero para cubrir nuestras necesidades básicas de vida. Sin embargo, siempre debemos dejar espacio de tiempo para mantener contacto personal con la familia y círculo de amistades, y disfrutar junto a ellos dey nuestros logros. También es primordial el regalarnos un poco de tiempo para hacer las cosas que nos gustan y nos hacen felices en lo personal.

* **Recibo porque doy**.

- Recibo amor porque doy amor
- Recibo buen trato porque doy buen trato.
- Recibo ayuda porque ayudo a los demás.
- Recibo bendiciones porque me apasiona bendecir.

¡Así como damos así recibimos!

Anexos

Lecturas Complementarias

Escritas por Osno Monto

Grandes Secretos De Mi Éxito

En Busca del Éxito

Debo confesar que desde muy temprana edad, cada vez qu e asistía al cine a ver una película de cartelera, el aviso lumino so de "EXIT" que indicaba al público la salida de la sala, me causaba una divertida impresión, y a la vez que me sentía pro fundamente halagado, ya que de manera inmediata e involun taria, mi mente (con traductor spanglish incorporado) traduc ía la misma como "Éxito". A medida de que fueron transcur riendo los años y fue despertando mi interés por el desarroll o personal, y por supuesto, a conocer más a fondo acerca de lo que el vocablo éxito significaba, mayor fue mi sorpresa, al descubrir que mi mente no estaba tan alejada de la realidad, y a que la palabra "Éxito" tiene su origen en el término latino "Exitus" (salida), el cual refleja una consecuencia atinada de una determinada acción por alcanzar algo, y es así como la m ayoría de las personas conocemos su significado. También se asocia de manera íntima, con palabras tales como: triunfo, vi ctoria, logro, fama, prestigio, popularidad, aceptación, entre otras tantas más.

Algo que todos disfrutamos a diario, generalmente sin darl e importancia de manera explícita, es del éxito. Acaso cuand o vamos diariamente a nuestro trabajo y cumplimos con nue stra faena, ¿no es esto un caso de éxito?, asimismo cuando al guien va al banco a firmar los documentos para el financiami ento de su vivienda, el estudiante que aprueba un examen, lo s padres que regresan a su hogar con las compras del superm ercado para alimentar a su familia, el ingeniero que culmina s u proyecto de construcción, el médico que cura a sus pacient es, y así por el estilo, podemos seguir mencionando múltiples ejemplos donde distintas personas han cumplido de manera satisfactorias con sus metas trazadas, y por lo tanto, son gent e exitosa. Es trascendental manejar este aspecto, de que el éx ito nos rodea en todas nuestras actividades, pues ello nos per mite mantener nuestro nivel de conciencia y autoestima elev ada, y nos predispone a perder el miedo de fijarnos metas ca da vez más altas, debido a que de manera sobrada nos hemo s demostrado a nosotros mismos, nuestra capacidad para res olver problemas. Ahora bien, algo que no podemos permitir, es el confundir con "fracaso" cualquier acción que hayamos emprendido sin conseguir, por el momento, el resultado dese ado: solo hay que verlo como una experiencia vivida, aprend er de ella, tomar los correctivos necesarios, para entonces int entar nuevamente por otro camino, lograr nuestra ansiada m eta. Otra trampa que debemos evitar caer, borrar de nuestras mentes, es la de creer que la palabra "éxito" solo está destina da para rendir pleitesía a la fama y el dinero, pues éstos tan s olo son una minúscula parte del universo que engloba su sig nificado.

El éxito no nos llega por casualidad, hay que buscarlo. Tal como lo expresara John F. Kennedy: "El secreto del éxito es la constancia en el propósito". Lograr resolver de una maner a satisfactoria todos los problemas que se nos puedan presen tar a diario, en buena parte está, en si adoptamos la actitud d e verlos como retos u oportunidades de crecimiento persona l. No siempre todo inconveniente se resuelve en un primer i ntento, y cada equivocación nos deja una experiencia, no un fracaso, abriéndonos así, las puertas de la mente para tomar nuevas decisiones que nos permitan encontrar el rumbo acer tado. Muchas personas no tienen la suficiente paciencia, ¿val or?, para enfrentarse en este camino de prueba y error en la búsqueda del logro de sus metas. Solo aquellos seres, capaces de perseverar inteligentemente, alcanzarán a ser denominado s como "personas exitosas".

Hay dos aspectos esenciales que todo individuo, de manera honesta y sincera consigo mismo, debe poner en práctica, pa ra lograr que el éxito se establezca en su vida de manera per manente:

- **ACCIÓN**

El actor cómico estadounidense Groucho Marx describe este aspecto de una manera genial y muy contundente:

"En este mundo sólo existen dos tipos de personas, aquella s que se sientan debajo del árbol de la vida a esperar que el f ruto les caiga en las manos; y aquellos que de una vez por to das nos levantamos a tomar el fruto que queremos y desea mos."

Es la acción, la única vía segura que conozco y recomiend o tomar a cualesquier persona que ande en busca del éxito. Sin ella nada es posible, con ella no hay puerta que se resista finalmente a ser abierta. Eso sí, es muy importante meter en la mochila de provisiones para el camino: conocimientos, sa biduría, paciencia y resignación, para que la acción sea digeri da de manera productiva.

- **ACTITUD POSITIVA**

Grandes Secretos De Mi Éxito

Nuestra manera de comportarnos ante cualquier situación en la vida es la que define, en consecuencia, el resultado a o btener. Generalmente, las personas que actúan de manera te naz y decidida, con buena dosis de esfuerzo personal, de ma nera alegre y optimista, solidarias y tolerantes, son las que c onsiguen superar sus metas, y sobre todo, disfrutan realmen te de sus logros. También se hacen meritorias del aprecio y respeto de su entorno familiar, amistades, compañeros de tr abajo, y público donde tengan la oportunidad de compartir.

Si consideras que tu comportamiento actual no te está ayu dando en el logro de tus metas, no te preocupes, la "Actitud " es un hábito, y como tal se puede modificar mediante el e ntrenamiento y la práctica constante de un buen plan de des arrollo personal.

Grandes Secretos De Mi Éxito

Mi Actitud Personal no me deja Progresar

Si has comenzado por reconocer que es tu actitud personal , es decir, tu manera de actuar, tu comportamiento, la maner a en que tú haces las cosas no te funciona para el logro de tu s metas, y quizás estás cansado ya de ver a las demás persona s progresar mientras tú sigues enclavado en el mismo sitio…, has comenzado a atacar el problema con buen pie, pues a m uchas personas les cuesta reconocer, que son ellas mismas la s causantes de sus problemas; que es la forma de conducir su s vidas y sus relaciones personales, la principal tranca en el lo gro de sus metas. Hasta que alguien no procede a dar el paso anterior, nadie puede, ni podrá ayudarle a salir del atolladero del fracaso.

En los próximos párrafos, le voy a proporcionar una pequ eña mini guía que les va a permitir comenzar a realizar su pr opia evaluación de su situación actual, fijar una estrategia de acciones a seguir, para que comiencen un trabajo de adiestra miento personal con miras a iniciar cambios positivos en su comportamiento actual para enfrentar todas las situaciones d iarias de sus vidas, incluyendo el logro de sus metas personal es.

Comenzaré por decirles que el comportamiento de las pers onas, su actitud, es un hábito que se va adquiriendo a lo larg o de toda nuestras vidas, y como tal, puede ser modificado; d ebe ser modificado mediante un entrenamiento continuo, y s olo la práctica constante de nuevas conductas, es decir, crea ndo nuevos hábitos positivos que reemplacen el anterior neg ativo, es la única vía de llegar a obtener una nueva personalid ad.

Antes de continuar, debo manifestarles, que el camino para mejorar la actitud es arduo, requiriendo de mucha paciencia, perseverancia, constancia, acción y repetición; caer y volver a levantarse, creer en sí mismo de que sí puede lograrlo. La per sona debe estar absolutamente convencida de que necesita re alizar cambios en su vida para ser la nueva persona de éxito c on la que sueña: en los negocios, como padres, en su relació n de pareja, relaciones interpersonales, en el trabajo, y defini tivamente, si sumamos todos esos cambios: ¡Llegar a ser una persona verdaderamente próspera!

El tiempo que pueda tardar para lograr cambios completos en su personalidad actual dependerá de la constancia y sincer idad consigo mismo, de poner en práctica los principios que se le señalarán acá… Lo que sí es seguro es que a medida de que se vaya avanzando en la práctica de todos los aspectos q ue vamos a tratar en este mini tutorial, va a sentir como su p ersonalidad se tornará a ser más activa, y con ganas de querer hacer las cosas cada vez mejor. Será una persona más persev erante, más tolerante para con los demás y para consigo mis mo, y aprenderá a aplicar el auto perdón de sus propios erro res con el compromiso de mejorar. Estos pequeños cambios que irá observando, son los que le van a motivar a seguir ade lante.

Esta mini guía va a tratar de ayudarte en todo lo que esté a su alcance, solo si tú te comprometes a realizar las cosas que dependen exclusivamente de tu ejecución personal durante s u aplicación:

- Mantente alejado de entornos donde prolifere: El chisme, la envidia, la mentira.

- Evita el contacto con informaciones negativas, cargadas de odio y amarillismo, ya que te estimulan a continuar con los lentes del negativismo para ver el mundo que te rodea.

- Busca leer, oír y ver noticias, artículos, libros, otro material audiovisual, cargados de abundante información que motive tu cuerpo, mente y espíritu a sentirte bien.

- Encomiéndate a Dios, el Ser Supremo de la Creación de todo lo que existe, independientemente del tipo de credo y religión que profeses…, él con su energía universal y amor, estará siempre presente para acompañarte y guiar tus pasos, bajo su voluntad amorosa.

- Aliméntate, ejercítate a diario, duerme y descansa.

- Acción y Honestidad para contigo mismo en la práctica constante de los ejercicios para mejorar tu actitud.

Mantén una libreta la cual te servirá como tu Diario personal, en la cual vas a proceder a anotar todo lo relacionado con tu trabajo del día. Este diario va a funcionar como tu propia bitácora, exclusiva para registrar todo lo relacionado con el desarrollo de tu plan para mejorar tu actitud. Solo es para tu uso personal, así que nadie más tiene porque tener acceso a él; por lo tanto, escribe con plena libertad de criterio y profundidad de contenido. Sé lo más amplio posible. No omitas información que consideres tiene relevancia para ti.

A partir de ahora vas a comenzar a llenar tu Diario

Ya hemos aclarado las reglas para la ejecución de los asp ectos de esta mini guía... Iniciemos con el plan, comenz ando con el primero de los puntos:

1. Debes conocerte en profundidad a ti mismo.

Ahora, mediante las siguientes preguntas, puedes conseguir respuestas claves, que deben ubicarte en la perspectiva real, d e saber quién eres tú, como persona, para contigo mismo:

- ¿Quién crees tú que eres?... cuál es la mejor descripción que tienes de ti mismo. Incluye aspectos tales como: estado de ánimo, carácter, otros.

- ¿Cuáles son tus defectos?... nómbralos desde los más triviales hasta llegar a los más graves.

- ¿Eres tolerante contigo mismo cuando cometes alguna equivocación?

- ¿Cuántas oportunidades de progreso has perdido en tu vida por ser como eres?... Toma el tiempo suficiente para hacer un análisis sincero.

- ¿Cuáles consideras son tus fortalezas?

- ¿Buscas siempre el lado negativo de las cosas?

- ¿Te gusta quejarte por todo?

- ¿Eres ambicioso o conformista?

- ¿Cuáles son tus actividades favoritas?

- ¿Cómo es tu día a día?... describe en que normalmente consumes tu tiempo.

- ¿Te agrada tu trabajo y la profesión que decidiste estudiar?

- ¿Cómo es tu situación económica actual?

- ¿Tienes algún vicio o adicción que te haga actuar mal?

Recuerda responder con la mayor franqueza hacia ti mism o.

Toma el tiempo necesario para poder emitir una respuesta que en verdad te satisfaga. Tú mismo eres tu propio juez.

Puedes incluir algunas otras preguntas, que según tu idiosincrasia, ameritan respuesta, para tener un mejor perfil de ti mismo.

2. Debes conocer cómo te relacionas con las demás personas.

Grandes Secretos De Mi Éxito

De manera similar al punto anterior, mediante un a serie de preguntas importantes, vas a determinar p ara ti mismo, cómo son tus relaciones personales c on tu prójimo:

A partir de este momento, vas a observarte conti nuamente a ti mismo, de cómo te comportas dentr o de tu entorno: Familiar, amigos, compañeros de t rabajo, público en general.

Presta especial atención en el vocabulario y los ge stos que utilizas para dirigirte a cada uno de ellos.

Ponle emoción e interés a este punto, ya que a par tir de este momento, éste deberá ser un hábito que te debe acompañar siempre:

Auto observarse es sumamente importante, pues es lo que te va a permitir reconocer que eres dueño de tus propios actos, y es allí la clave para poder ca mbiar.

Ahora puedes comenzar a conocerte mejor:

- ¿Actúas amablemente o con rudeza para con los demás?

- ¿Eres aficionado al chisme y a la crítica destructiva?

- ¿En momentos de crisis muestras solidaridad con las demás personas?

- ¿Tienes algún vicio o adicción que esté afectando tus relaciones con las demás personas o cosas?

- ¿Eres una persona rencorosa o sabes perdonar cuando cometen alguna falta contra ti?

- ¿Te gusta participar en actividades de grupo o eres solitario?

- ¿Acostumbras a sacar provecho de ciertas situaciones, aún a sabiendas de que otras personas se verán seriamente afectadas por tu actuación?

Grandes Secretos De Mi Éxito

Sigue agregando interrogantes que consideres te ayudarán a conocer mejor tu actitud para con tu prójimo.

    3. Evaluación de la parte 1 y 2.

Ya has llegado a este punto donde conoces tu acti tud actual para contigo mismo y para con las demás personas, entonces estás en capacidad de responder estas preguntas cruciales para ti, y que, determinará n si verdaderamente sigues adelante con tu propósit o de cambiar tu personalidad actual, o sigues como eres actualmente:

- ¿Estás conforme como eres en este momento contigo y con las demás personas?
- ¿Qué aspectos reconoces que requieren de un cambio urgente para encaminarte por la vía de ser mejor?

- ¿Sabes cómo hacerlo?

- ¿Qué tipo de apoyo necesitas para hacerlo?: Conocimientos y técnicos, profesionales de la medicina, auto didacta, otros.

4. Elabora un contrato de compromiso de cambio contigo mismo.

- Con la evaluación que has hecho de los aspectos relacionados con tu personalidad actual, y cuáles de ellos requieren de cambio inmediato, procede a elaborar una lista compromiso, con el siguiente título: "Aspectos que debo cambiar de manera urgente en mi manera de comportarme".

- Elabora un "Contrato de fiel cumplimiento", en los términos siguientes:

"Yo…….., mediante el presente contrato CONMIGO MIS MO, declaro estar de acuerdo en que los aspectos menciona dos en la Lista Compromiso anexa, urgentemente requieren ser mejorados como parte de mi nueva personalidad, por lo que asumo la responsabilidad, a partir de la presente fecha, d e que haré todo el esfuerzo posible, que actuaré diligentemen te, que seré perseverante y constante en la observación conti nua de mis actos y en la aplicación de los correctivos oportu nos para erradicar de mi los viejos hábitos que no me dejan progresar tanto en lo material, económico, social, mental y es piritual. Prometo ser fiel a mí mismo; que no me mentiré, no caeré en el autoengaño, dejaré registrado en mi diario person al, todos los hechos que acontezcan durante esta etapa apasi onante de mi entrenamiento, para que mi nueva personalida d sea alegre y feliz, próspera, como la de una persona exitos a. Me la merezco. Firmado…".

- Coloca el contrato anterior en un sitio visible para ti. Léelo a diario. Recuerda llevar el registro de tu diario

- Revisa cada uno de los puntos: 1, 2, 3 todas las veces que lo creas necesario y reedita alguno de los puntos si lo crees conveniente.

Si logras con esta mini guía cambios importantes para tu vid a, ello será mi mejor recompensa.

Plan de Negocio para Emprendedores

Si eres del tipo de gente que estas cansado de trabajar para otras personas o empresa, bien sea porque ya no te place el e star sujeto a un estricto horario de trabajo, deseas programar tu tiempo libre para compartir con tu familia, las tareas o acti vidades que realizas no son de tu agrado, consideras que tien es suficiente talento para convertir en realidad una idea de ne gocios que tienes guardada bajo la manga desde hace mucho tiempo y crees que ha llegado el momento de ponerla en prá ctica, tienes el suficiente aplomo de no dejarte vencer por las malas rachas, eres paciente para actuar y corregir errores hast a obtener los resultados que deseas. Déjame decirte que si pi ensas de la manera anterior, eres una persona potencialmente Emprendedora, y debes darte, tú mismo, la oportunidad de c rear tu propia empresa y convertirte en un ente generador de empleos directos e indirectos para la comunidad donde resid es.

Como emprendedor no debes dejar rendijas abiertas por d onde se pueda escapar el control de tu negocio, y verle morir antes de su nacimiento o consolidación, al intentar arrancar una empresa con solo la emoción de sentirse dispuesto a inv ertir tiempo, recursos económicos y financieros, por el simp le hecho de querer correr riesgos detrás de la quimera de rep roducir lo invertido con grandes ganancias de manera fácil y con poco esfuerzo.

Permíteme aclarar que el tomar el camino de emprendedo

r empresarial, es estar dispuesto a transitar una vía con much as curvas, subidas empinadas, baches, desvíos y carreteras tru ncadas, y que solo podrán llegar al destino final, aquellos que entienden que hay que capacitarse para lograr la meta de crea r un negocio próspero. Además debes considerar que desde el inicio, y durante un periodo de al menos 2 años de duro tr abajo, es el tiempo requerido para poder decir si la empresa e n cuestión realmente se ha establecido, y durante este mismo periodo generalmente tus niveles de ingresos personales son bajos y buena parte del dinero se va en gastos y reinversión; t e pregunto ahora: ¿Tienes agallas para continuar? ¿En realida d quieres ser tu propio jefe?: Sí… sigamos entonces…

Esa idea o sueño podemos llevarla al plano real si la planifi camos de la manera adecuada, mediante el aprendizaje a reali zar el "**Plan De Negocio**", herramienta gerencial, que nos g uiará paso a paso de forma segura, permitiéndonos en prime r lugar, el poder analizar si la idea es viable y en segundo luga r, evaluar la posterior evolución de nuestro proyecto en el lo gro de los objetivos planteados… no te preocupes si eres o n o un profesional, esta herramienta es sencilla de realizar, si si gues los pasos de manera correcta… si requieres de alguna a yuda, algún amigo podrá auxiliarte.

Este Plan De Negocio es una maravillosa herramienta que te va señalar de manera clara si tu idea de negocio es factible y r entable. Adicionalmente, él te va a permitir convencer a las e ntidades financieras, públicas o privadas, para que inviertan e n tu empresa.

Como Elaborar un Plan de Negocio eficaz:

Grandes Secretos De Mi Éxito

1. Sinopsis Ejecutiva

Aquí de manera resumida, concisa, vas a hacer una breve historia de la empresa si ya existe, o su futura denominació n comercial, cuáles son sus productos o servicios y a cual m ercado van dirigidos. Exalta el porqué crees que el o los pr oductos tendrán éxito, y cuál es la proyección de crecimient o del mercado. Cuál es el equipo humano de trabajo y direc ción que garantizarán el logro de las metas. Por último, me nciona si este proyecto requiere de financiamiento externo.

2. Presentación del Proyecto

Brevemente vas a describir la idea del negocio, como se o riginó, cuáles son sus productos, que ventaja tendrán frente a otros existentes actualmente en el mercado. Debes decir s i el o los productos ya están desarrollados o en qué etapa se encuentran. Especifica los obstáculos que se pueden pres entar para penetrar en el mercado, y como se van a resolver .

3. Estudio de Mercado

Describe cual es la situación actual del mercado para este tipo de producto, como ha sido su evolución en el tiempo, cual es su clientela actual y potencial, quienes son tus princi pales competidores, cual es la cadena que actualmente es u tilizada para la distribución de estos productos, como es la calidad del producto de la competencia frente al que tú tien es proyectado.

4. Estrategia Comercial.

¿Donde piensas ubicar la sede de tu empresa?
Averigua en detalle cuales son los precios de los productos
de tu competencia y cuáles serían los tuyos.
Como hace la competencia para promocionar sus producto
s: ¿cómo lo harás tú?
Las ventas, ¿cómo se realizarán?... y ¿la distribución de los
productos?

5. Elaboración del producto

Es importante averiguar en detalle la legislación de tu paí
s, respecto a las regulaciones existentes para la fabricación
de este tipo de producto: sanitaria, seguridad industrial, imp
ositiva, laboral, entre otras.

Describe el proceso de manufactura: qué tipo de maquina
ria y equipos intervienen en ella. Con cuáles de ellos cuenta
s, y que otros requieren de financiamiento para su adquisici
ón. También menciona el recurso humano requerido.

¿Quiénes son tus proveedores de servicios, materia prima
y embalaje?, otros.

¿Cuáles son los costos para producir el bien a comercializ
ar?: ¿Deja un margen de utilidad razonable frente al precio
estimado de ventas para que valga la pena seguir con el pro

yecto?

Recuerda que también debes crear la figura jurídica que te ndrá tu empresa.

6. Análisis FODA

F (fortalezas) O (oportunidades) D (debilidades) A (amena zas):

Aquí vas a exponer: cuales son las fortalezas y debilidades de tu empresa frente al entorno competidor, así como las o portunidades y amenazas que se presentarán durante su des envolvimiento. Esto te indicará en qué áreas debe preparart e para continuar con pasos firmes.

Fíjate como la elaboración del Plan De Negocio abre una interesante ventana frente a tus ojos; oxigena tus neuronas empresariales, dándote una luz permanente para iluminar t us pasos de manera firme con resultados concretos.

¡Éxito con tu futuro emprendimiento!

Grandes Secretos De Mi Éxito

Risa Sonrisa y Buen Humor: Excelentes manif estaciones de la Alegría.

Risa, Sonrisa, y Buen Humor, son tres deliciosas palabras q ue me hacen remontar, por analogía, a la clásica novela franc esa "Los Tres Mosqueteros" del escritor francés Alexandre Dumas, donde se narran las aventuras de un joven gascón ll amado D'Artagnan, y de sus amigos inseparables: Athos, Por thos y Aramis, los Tres Mosqueteros en realidad, quienes esg rimiendo el lema: "uno para todos, todos para uno", bajo el mandato del rey Luis XIII, juran enfrentarse a su acérrimo a dversario, el Cardenal Richelieu, en defensa del honor de la r eina Ana de Austria.

Nosotros, amigo lector, somos similares al personaje D'Ar tagnan de la historia. Risa, Sonrisa y Buen Humor son los tre s paladines que bajo este tentador lema: "una para ti, todas p ara ti", siguiendo el mando de tu propia elección, juran defen derte de tus más abominables enemigos: tristezas, preocupac iones, angustias y ansiedades, que continuamente se encuentr an rondando tu reinado de paz, armonía y alegría, con el únic o fin de querer sumergirte en su sombrío reino de la infelicid ad.

Mucho agradezco a una bella dama, locutora de una popul ar emisora de radio de mi localidad, quien en su programa ve spertino de variedades culturales, sociales y musicales, repetía de manera intermitente, en tono vivamente alegre, esta suges tiva y penetrante pregunta: "¿Usted ya sonrió?... Por naturale za, yo siempre había sido del tipo de persona a quien le era d ifícil articular los músculos de su cara para expresar, menos mantener, una sonrisa…, ahora, gracias a esta noble mujer, mi mente funciona como un radar: continuamente estoy mo nitoreando mi rostro…, si noto su ausencia, inmediatamente instalo una suave, franca y agradable sonrisa, la cual me hace sentir en un estado de éxtasis prolongado; paz es la palabra c orrecta, lo que me motiva a continuar de manera armónica c on las tareas que ejecuto en ese momento… Ahora, agradeci do por este inmensurable cambio positivo en mi antigua y ap esadumbrada personalidad, trato en lo posible, de hacer llega r este mismo mensaje, a todas aquellas personas del mundo, que necesitan tomarse la vida de manera más relajada y diver tida.

Es sumamente importante para el ser humano, el aprender a reír a plenitud. También se hace necesario pasar del simple gesto bucal de la sonrisa, a darle más dinamismo a la boca, a los ojos, a los brazos, al abdomen…, a permitir que los pul mones exhalen aire en abundancia, y que éste, en su paso po r las cuerdas vocales, emita ese sabroso y placentero sonido de la risa, que refleja el sublime estado de alegría de quien lo emite, y contagia irremediablemente al que lo escucha.

Sobrados son los beneficios para las personas que acostum bran a darse una suculenta dosis de risa durante el transcurs o de sus vidas: gozan de buena salud mental y emocional; su sistema inmunológico se potencia haciéndoles más resistente s a las enfermedades; tienen mayor capacidad de aguante, cre atividad y tenacidad para la resolución de los inconvenientes del día; reflejan alta facilidad para generar empatía al relacion arse con los demás. Gracias a los reconocidos efectos milagr osos de la risa, han surgido las técnicas psicoterapéuticas de l a "Risoterapia", que si bien no curan directamente las enfer medades, ayuda a la propensión del organismo en la asimilaci ón de las terapias medicas convencionalmente establecidas, mediante la apertura mental y emocional que adquiere la pers ona a través del fomento de la risa como antídoto frente a su s problemas.

En mi caso particular, utilizo tres caminos que con toda se guridad me llevarán a disfrutar de excelentes momentos para reír abierta y francamente, garantizándome la descarga de mi estrés y emociones negativas:

- **Disfrutar de videos y películas de comedia.**

He perdido la cuenta, de las veces que he acudido al actor Peter Sellers y a su película clásica "La Fiesta", quien con su genial comicidad torpe e inocente, convierte el ambiente fest ivo en un escenario del mejor circo de comedia. Es para reír de comienzo a fin.

También el actor inglés Rowan Atkinson, con su personaje histriónico de Mr. Bean, tanto en la serie como en sus películ as, son para desternillarse por un largo rato.

Confieso que uno de mis actores favoritos, es el actor mexi cano Mario Moreno "Cantinflas". Su candidez al tratar cada uno de los temas en sus películas, nos retrae a lo trascendent e que es el enfocar nuestros problemas como la mejor de tod as las tragicomedias.

- **Leer y escuchar chistes, y relatos de humor.**

Grandes Secretos De Mi Éxito

Afortunadamente, con el establecimiento de internet como fuente popular de suministro de información, es alentador sa ber de la existencia de una elevada cantidad de sitios web que brindan este tipo de material de diversión..., hasta puede rec ibirse en los dispositivos móviles buena parte de su contenid o.

- **Reír con las vocales**.

Esta es una fabulosa técnica que nos ayuda a cubrir la retag uardia, cuando no estamos sentados frente al computador ex plorando en la web, ni tampoco estamos sentados en un cine , ni charlando con amigos contando chistes. Tiene un efecto psicológico tremendo, ya que nos invita a conocernos mejor a nosotros mismos como persona.

A continuación describo como lo hago en particular:

- En mi sala de baño tengo un espejo que me permite observ ar claramente mi rostro.

- Con naturalidad escruto mi cara; me miro a los ojos, de ma nera similar a como miro a mi mejor amigo cuando converso con él, brindándole la mayor de mis atenciones... Converso conmigo y reafirmo que yo soy mi mejor amigo, que debo cu idarme y hacer todo aquello que me haga ser una persona jus ta conmigo mismo y para con mi prójimo.

- Seguidamente me preparo para reír por unos 10 a 15 minu tos de manera continua.

- Comienzo a reír usando la letra "a": jajajajaja…, simulo que estoy riendo conmigo mismo, mientas observo mi silueta en el espejo…río por unos 30 segundos, y luego cambio a la letr a "e", para reír así: jejejeje… Sucesivamente se continúa co n el resto de las vocales (jijijiji – jojojojo – jujujuju), repitiend o el ciclo, hasta cumplir con el tiempo establecido para la ruti na.

Cada persona es libre de construir su propia ruta de la risa … Lo vital es: ¡hacerlo!

Grandes Secretos De Mi Éxito

Ser Bienvenido en Cualquier Lugar

Hay personas que dejan huellas imborrables en nuestras vi das. Gente con las cuales deseamos encontrarnos con abund ante frecuencia; seres con quienes nos sentimos cómodos, su mergidos plácidamente en un ambiente cálido, lleno de cariñ o y confianza mutua, sencillamente porque han sabido trans mitir en nosotros, ese sentimiento de tranquilidad y segurida d, tan solo por el simple hecho de saber interesarse de maner a sincera y desinteresada en nosotros, en nuestro bienestar. Este tipo de actitud fraternal, digno de copiar, en nuestra fo rma de actuar para con nuestro entorno familiar, amistades y compañeros de actividad, si deseamos que nos den una efusi va bienvenida en los sitios que frecuentemos.

A toda persona le gusta en demasía, sentirse importante pa ra alguien, tomada en cuenta, apreciada, que sus problemas e inquietudes sean oídas y atendidas.

Las personas a quienes no le interesa su prójimo, que no s on capaces de hacer la más mínima acción de humanidad po r él, que pueden llegar a ver a sus semejantes tan solo como una pieza a utilizar, o una mercancía más para vender o com prar, para devengar beneficios políticos, son los que han con ducido a nuestra civilización por guerras inútiles, creación de sectas, clanes y grupos que gozan y viven de la miseria huma na. Nunca este tipo de gente será bienvenida en ningún lugar de este planeta.

Una persona sabia, es la que se esmera por conocer y mane jar sanamente este interesantísimo aspecto de la naturaleza h

umana: Entiende que para cualquier persona, ella misma es s
u primera prioridad; reconoce que su interés por sus propio
s asuntos está por delante que el de los demás. Quien sepa se
guir sanamente esta tendencia humana, es decir, interesarse p
or los demás, poniendo en segundo lugar sus propios interes
es, harán de esta persona un triunfador en las relaciones hum
anas.

El saber colocar en segundo lugar nuestros propios interes
es, de manera consciente, sincera, pensando siempre de que
estamos actuando con madurez; que este gesto nuestro de ce
der el paso, es la demostración más evidente de nuestro claro
deseo de querer ayudar a los demás. Ahora bien, el maravillo
so resultado que se obtiene de asumir esta actitud, aparte de l
ograr abrir la puerta de la confraternidad, es que, luego de int
eresarnos por los demás, pasamos a ser una persona interesa
nte para ellos, obteniendo así nuestra cuota de también sentir
nos apreciados y estimados por ellos, lo cual es la mejor man
era, la más expedita de lograr cerrar el círculo de amor entre
humanos y que este siga fluyendo como un manantial de agu
a cristalina para saciar nuestra sed de paz y armonía.

Es sorprendente, emocionante y divertido, de lo que pode
mos descubrir en un simple diálogo con alguien. Al mostrar i
nterés en los motivos que causan sus alegrías y preocupacion
es diarias, vamos penetrando en su naturaleza humana. Algo
extremadamente importante, casi un código de ética, es que
cuando te hagas copartícipe de una verdad, una confidencia,
jamás pienses que ella te fue confiada para tu propio benefici
o de sacar ventaja, para causar daño, malestar y dolor a tu int
erlocutor. Cuando decidas oír a alguien, sencillamente ubica t
u figura como la del mejor amigo de esa persona, y cualquier

palabra o comentario que salga de tu boca sea para impulsar una mejora en la situación de ella.

Existen momentos en los que nos encontramos solos, bien sea leyendo un libro, disfrutando de unas copas con amigos, sentado en un banco del parque, haciendo las compras en el supermercado, en la ducha…en cualquier lugar, y como caíd o del cielo, nos llega un pensamiento, una reflexión que nos hace recordar la difícil situación que está afrontando "fulanit o" y que puede ayudarle a solventar su crisis…, no pierdas ti empo y busca su teléfono o acércate hasta su casa y coménta le tu idea: Esa preocupación tuya por esa persona vale más q ue cualquier copa que hayas dejado de tomar por acudir ante su presencia con una potencial ayuda.

Otro secreto para ganarse el aprecio del prójimo, es no per mitir que se anide en nuestra mente, el querer ver y tratar a l os demás por su clase social u oficio que desempeña. Siempr e debemos ver a cada persona como lo que es: Un ser huma no. El rol que juega dentro de la sociedad debe ser visto tan solo como una actividad más en la cual se desempeña cada q uien: Gerente, obrero, secretaria, mesero, chef, profesor, me cánico, doctor, taxista, ama de llaves, todos ellos son merece dores de nuestro aprecio y respeto, ganadores de un cariñoso y efusivo saludos de nuestra parte, en cualquier momento y c ircunstancia.

Algo tan simple como felicitar a un familiar, clientes, amig os, compañeros de trabajo, en su fecha de cumpleaños, llena de emoción a cualquiera al sentir que alguien lo tiene present e. Hoy la tecnología se ha convertido en nuestra aliada: Es m uy fácil recordar estas fechas con tan solo introducirlas en el calendario de nuestro teléfono celular. También funciona de igual manera cuando lo hacemos si alguien se encuentra enfe rmo, ha logrado un título académico, o algún otro evento tra scendental en su vida.

La manera de cómo tratamos a los demás, al responder un a pregunta, al contestar el teléfono, deja huella de nuestra per sonalidad en quien recibe nuestras respuestas. Debemos cuid ar el modo en que nos dirigimos hacia los demás: el vocabula rio, nuestro estado de ánimo, el tono y modulación de la voz , son muy importantes a la hora de querer ganarnos la empatí a y el aprecio de otras personas. Las empresas exitosas se car acterizan por otorgar a sus clientes un trato amable, cortés, r espetuoso, y sobre todo, dar un sincero y esmerado servicio.

Si una persona actúa contigo siguiendo las pautas anteriores, ¿crees que merece ser bienvenida en tu vida?...

Grandes Secretos De Mi Éxito

Secretos para Ganar Confianza de Personas

Tratar con la gente es quizás la mayor dificultad que le toca enfrentar a cualquier persona, sobre todo, si se dedica al mu ndo de las ventas y los negocios, regencia de departamentos de reclamos y atención al cliente, servicios de emergencias m édicas, por nombrar algunas actividades, donde se requiere q ue las personas que lo atienden, tengan la suficiente pacienci a, don de servicio, y en especial, mantener en mente de que l as personas, ellos y nosotros, somos seres radicalmente emo cionales, con la profunda creencia arraigada firmemente en n uestro interior, de que cada quien siempre cree tener la razón en todo momento y bajo cualesquier circunstancia.

Los mejores candidatos elegibles para ocupar cargos direct ivos dentro de una organización, adicionalmente a su brillant e formación intelectual, deben tener la habilidad de saber tra tar con el público y ganarse el respeto y estima por parte de e llos. También deben tener la habilidad para expresar sus idea s de forma precisa y con claridad, y especialmente, ser capace s de encender el motor del entusiasmo en su interlocutor.

Una de las principales inquietudes de la gran mayoría de las personas, es como lograr llevarse bien con su prójimo, caerle s simpáticos, y hacer que sigan nuestros pasos.

Sugerencias para ganarse a la gente:

- ## No critiques, ni te burles, como tampoco insultes a los demás.

En vez de criticar, más bien halaga a las personas y recibirás afecto y respeto.

Aproximadamente el 99% de las personas que son criticadas, jamás dan la razón a quien las critica. Más bien tratan de justificar sus acciones y actitudes, en la creencia de que son los demás quienes están equivocados.

Con la crítica solo se logra crear un sentimiento de disgusto y enfado que muchas veces termina en escenas verbales poco edificantes, e incluso, llegar al surgimiento de acciones hostiles entre las partes involucradas, y lo menos que se logra, lo cual en principio es el objetivo de la crítica, es conseguir que se corrijan los errores que la ocasionaron.

Algo similar a la crítica sucede con la costumbre de burlarnos e insultar a los demás.

Benjamín Franklin, con estas sabias palabras, nos regaló este revelador secreto para tratar con las personas:

"No hablaré mal de hombre alguno y de todos diré todo lo bueno que sepa"

Así se logra más que con la crítica mordaz, descuartizando el espíritu de las personas.

• Hagamos sentirse importantes a las personas con quienes tratamos.

¿A quién no le agrada sentirse grande, útil, que su trabajo o acción sea reconocido como de gran utilidad para los demás?

Una manera muy contundente de contar con la colaboración de las otras personas, es tomándolas en cuenta, dándole aliento; incentivarlas mediante el elogio oportuno y sincero para que den lo mejor de ellas.

Evitar a toda costa, la costumbre de buscar defectos y errores en las conductas y acciones ajenas; en vez de ello, dedicar mayor cantidad de tiempo en la observación, para descubrir las fortalezas de cada quien, las cuales finalmente son las que nos interesan para contar con gente capaz a nuestro alrededor.

Las personas que reciben gestos u opiniones sinceras de aprobación por lo que hacen, cada vez estarán más dispuestas a dar más de sí mismas, y aceptar nuestras críticas constructivas para ser cada día mejores.

Alimentar la autoestima de las personas con palabras de aliento, de aprecio, y reconocimiento por lo que hacen por nosotros y por la sociedad, es mantener siempre disponible ese vergel de talento y presencia solidaria en nuestro entorno.

Seamos expresivos, no neguemos nuestras mejores emociones a quienes la merecen.

Felicita a las personas cada vez que notes hayan realizado una buena acción de trabajo, de caridad, comunitaria, deportiva, escolar, solidaridad, amor. Nunca pierdas la oportunidad de motivar a alguien; no sabes si nuevamente tendrás la oportunidad de hacerlo y si tendrá el mismo efecto.

Unas sinceras palabras de aprecio y elogio nos inmortalizan en el corazón de las personas que las reciben.

- **Actúa con sinceridad y transparencia para con tu prójimo.**

Una de las mejores maneras de ganarse el aprecio de las otras personas, es interesándonos de una manera franca por conocer acerca de las cosas que les interesan a ellas; cuáles son sus preocupaciones y alegrías, sin pretender querer ser el "salvador" de nadie, pero si tender nuestra mano amiga, con un consejo o ayuda material oportuna, que esté a nuestro alcance.

Saluda a las personas, desde el portero de tu edificio, el trabajador de camión de recolección de desperdicios, al gerente del banco, al presidente de la compañía donde trabajas. Todos agradecerán de igual manera, el tiempo que les dedicas como persona. De seguro que en lo personal, también lo vas a disfrutar, y hasta llegarán a tu memoria aquellas personas que te ofrecen un gesto de aprecio sincero.

Lo interesante en tratar de interesarnos por conocer las opiniones de nuestro interlocutor radica en que nos proporciona una excelente oportunidad para entrenar nuestra mente, de que aprenda a ubicarse también del lado opuesto al nuestro, lo cual nos permite desarrollar nuestra capacidad de negociación en momentos en que nos sea necesaria.

El aspecto anterior es sumamente importante para aquellas personas que desean dedicarse a las ventas y al mundo de los negocios, ya que conociendo a profundidad los deseos de nuestro prospecto de cliente, podremos ofertar nuestro productos desde el punto de vista de que pueden resolverle una situación a la persona que lo compre, y no que satisface solo nuestro deseo de vender y meternos algo de dinero al bolsillo. Si logramos que esa persona sienta por convicción propia de que necesita nuestro producto, de seguro que lo comprará y agradecerá nuestra presencia por habérselo ofrecido.

• Entiende que ellos son dueños de lo que desean

Toda persona por naturaleza se interesa por si misma durante las 24 horas del día de los 365 días del año.

En este momento, lo que a usted lo hace diferente, es que tiene el conocimiento y las herramientas, para entender, en primer lugar, los sentimientos y deseos de las demás personas, y en segundo lugar, entender su lugar y metas a lograr dentro del contexto de vivir una vida socialmente amena, sana y productiva para todos los integrantes de la comunidad.

Grandes Secretos De Mi Éxito

Bien sea que deseemos ganarnos el afecto y consentimiento de las personas, porque nos interesa venderles algo, ganar su voto para la toma de decisiones dentro de la comunidad donde habitamos, deseamos que nuestro hijo corrija algunos aspectos de su comportamiento que le están perjudicando, mejorar nuestras relaciones de pareja, es importante comprender que solo lo harán si usted logra hacerles entender el porqué deben aceptar su propuesta en base a los beneficios que ellos obtendrán para sí mismos, y no por los suyos.

Ellos y nosotros, recíprocamente somos los mismos seres humanos. De la capacidad para entender cómo funcionan las relaciones humanas, y de la habilidad para tomar la iniciativa en la acción para abrir caminos de entendimiento y tolerancia, es que podremos seguir construyendo mejores relaciones interpersonales, y en consecuencia, crear un mejor mundo.

Grandes Secretos De Mi Éxito

Reflexiones para Padres Exitosos

A mi memoria llegan las sabias palabras, que a manera de c onsejo, el sacerdote Miguel, director del colegio donde se ed ucaron mis hijos, siempre nos las pronunciaba para recordar nos la enorme responsabilidad que tenemos los padres de ed ucar temprana y oportunamente a nuestra generación de rele vo:

"Los niños son como árboles, debemos escoger una tierra fértil para sembrarlos, removerla de manera constante y abo narla, y de manera sigilosa, debemos estar pendiente de que durante su etapa de crecimiento, vaya creciendo de una man era recta, vertical, ya que un árbol que crezca torcido, jamás podrás enderezarlo. Cuiden a sus hijos, abonen su mente y c orazón con buenas enseñanzas y ejemplos; así crecerán com o un buen ciudadano, hijo, hermano, y amigo".

Ser padres no es tarea fácil, y muchos son los errores que c ometemos, especialmente con nuestro primogénito, por falta de experiencia y conocimientos de cómo educar de manera c orrecta a nuestros hijos.

Uno de los errores más frecuentes que se cometen durante la crianza de nuestros vástagos, es ese imperioso deseo de qu e ellos sean modelos de la perfección humana.

Grandes Secretos De Mi Éxito

Esta actitud noble de nuestra parte, hasta inocente, pero pe dagógicamente errada, nos conlleva a someter a esas tiernas criaturas en formación, a las más severas e injustas críticas, re gaños, e incluso, hasta hay quienes llegan a ocasionar maltrat o físico y verbal, que si bien podrían lograr moldear alguna c onducta en ellos, con toda seguridad les deja huellas amargas de nuestra actuación como padres y educadores.

A continuación les dejo esta hermosa historia, escrita por W. Livingston Larned, que narra las reflexiones de un padre, acerca de su inconformidad de cómo él había tratado a su pe queño hijo:

"Papá Olvida"

"Escucha, hijo: voy a decirte esto mientras duermes, una manecita metida bajo la mejilla y los rubios rizos pegados a tu frente humedecida.

He entrado solo a tu cuarto. Hace unos minutos, mientras leía mi diario en la biblioteca, sentí una ola de remordimiento que me ahogaba. Culpable, vine junto a tu cama.

Esto es lo que pensaba, hijo: Me enojé contigo. Te regañé cuando te vestías para ir a la escuela, porque apenas te mojaste la cara con la toalla. Te regañé porque no te limpiaste los zapatos. Te grité porque dejaste caer algo al suelo.

Durante el desayuno te regañé también. Volcaste las cosas. Tragaste la comida sin cuidado. Pusiste los codos sobre la mesa. Untaste demasiado el pan con mantequilla. Y cuando te ibas a jugar y yo salía a tomar el tren, te volviste y me saludaste con la mano y dijiste: "¡Adiós, papá!", y yo fruncí el entrecejo y te respondí: "¡Ten erguidos los hombros!"

Al caer la tarde todo empezó de nuevo. Al acercarme a casa te vi, de rodillas, jugando en la calle. Tenías agujeros en las medias. Te humillé ante tus amiguitos al hacerte marchar a casa delante de mí. Las medias son caras, y si tuvieras que comprarlas tú, serías más cuidadoso. Pensar, hijo, que un padre diga eso.

¿Recuerdas, más tarde, cuando yo leía en la biblioteca, y entraste tímidamente con una mirada de perseguido? Cuando levanté la vista del diario, impaciente por la interrupción, vacilaste en la puerta. "¿Qué quieres ahora?" Te dije bruscamente. Nada respondiste, pero te lanzaste en tempestuosa carrera y me echaste los brazos al cuello y me besaste, y tus bracitos me apretaron con un cariño que Dios había hecho florecer en tu corazón y que ni aún el descuido ajeno puede agostar. Y luego te fuiste a dormir, y se oían tus pasos ligeros escalera arriba.

Bien, hijo; poco después fue cuando se me cayó el diario de las manos y entró en mi un terrible temor. ¿Qué estaba haciendo de mí la costumbre? La costumbre de encontrar defectos, de reprender; esta era mi recompensa a ti por ser un niño. No era que yo no te amara; era que esperaba demasiado de ti. Y medía según la vara de mis años maduros.

Y hay tanto de bueno y de bello y de recto en tu carácter. Ese corazoncito tuyo es grande como el sol que nace entre las colinas. Así lo demostraste con tu espontaneo impulso de correr a besarme esta noche. Nada más que eso importa esta noche, hijo. He llegado a tu camita en la oscuridad, y me he arrodillado, lleno de vergüenza.

Es una pobre explicación; se que no comprenderías estas cosas si te las dijera cuando estás despierto pero mañana seré un verdadero papa. Seré tu compañero, y sufriré cuando sufras, y reiré cuando rías. Me morderé la lengua cuando esté por pronunciar palabras impacientes. No haré más que decirme, como si fuera un ritual: "No es más que un niño, un niño pequeñito".

Temo haberte imaginado hombre. Pero al verte ahora, hijo, acurrucado, fatigado en tu camita, veo que eres un bebé todavía. Ayer estabas en los brazos de tu madre, con la cabeza en su hombro. He pedido demasiado, demasiado".

"Papá Olvida" Escrita por W. Livingston Larned.

Grandes Secretos De Mi Éxito

Consejos de Padre a Hijo para Vivir Feliz

Este artículo desea rendir un homenaje al escritor nort eamericano Jackson Brown, quien nació en Tennessee (1 940), autor del afamado libro de literatura motivacional " Pequeño Libro De Instrucciones Para La Vida", compue sto de 3 volúmenes, con un total de 1528 consejos para v ivir, cuyo texto inicial (volumen 1, con 477 de ellos), se mantuvo desde el año 1991 a 1994 dentro de la lista de l os más vendidos, publicada por el "New York Times Be stseller", el cual tuvo sus orígenes, en una pequeña lista d e 42 consejos que elaboró Brown, como un hermoso reg alo de despedida para su hijo Adam, cuando tuvo que m archar de casa rumbo a la universidad.

Que mejor homenaje para este escritor, que darle a con ocer a todos sus colegas "Padres de todo el mundo", sus útiles consejos dados a Adam chico, que con toda seguri dad, Ustedes también sabrán apreciar y poner en práctic a con sus hijos, nietos, e inclusive, para toda esa generaci ón de humanos, ansiosos por una excelente orientación para transitar con éxito por la vida.

A continuación los consejos de Jackson Brown:

Grandes Secretos De Mi Éxito

- Observa el amanecer por lo menos una vez al año.

- Estrecha la mano con firmeza, y mira a la gente de frente a los ojos.

- Ten un buen equipo de música.

- Elige a un socio de la misma manera que elegirías a un compañero de tenis: Busca que sea fuerte donde tú eres débil y viceversa.

- Desconfía de los fanfarrones: Nadie alardea de lo que le sobra.

- Recuerda los cumpleaños de la gente que te importa.

- Evita a las personas negativas: Siempre tienen un problema para cada solución.

- Maneja autos que no sean muy caros, pero date el gusto de tener una buena casa.

- Nunca existe una segunda oportunidad para causar una buena primera impresión.

- No hagas comentarios sobre el peso de una persona, ni le digas a alguien que está perdiendo el pelo. Ya lo sabe.

- Recuerda que se logra más de las personas por medio del estímulo que del reproche (dile al débil que es fuerte y lo verás hacer fuerza).

- Anímate a presentarte a alguien que te cae bien simplemente con una sonrisa y diciendo: Mi nombre es fulano de tal; todavía no nos han presentado.

- Nunca amenaces si no estás dispuesto a cumplir.

Grandes Secretos De Mi Éxito

- Muestra respeto extra por las personas que hacen el trabajo más pesado.

- Has lo que sea correcto, sin importar lo que otros piensen.

- Dale una mano a tu hijo cada vez que tengas la oportunidad. Llegará el momento en que ya no te dejará hacerlo.

- Aprende a mirar a la gente desde sus sandalias y no desde las tuyas. Ubica tus pretensiones en el marco de tus posibilidades.

- Recuerda el proverbio: Sin deudas, sin peligro.

- No hay nada más difícil que responder a las preguntas de los necios.

Grandes Secretos De Mi Éxito

- Aprende a compartir con los demás y descubre la alegría de ser útil a tu prójimo (El que no vive para servir, no sirve para vivir).

- Acude a tus compromisos a tiempo. La puntualidad es el respeto por el tiempo ajeno.

- Confía en Dios, pero cierra tu auto con llave.

- Recuerda que el gran amor y el gran desafío incluyen también 'el gran riesgo'.

- Nunca confundas riqueza con éxito.

- No pierdas nunca el sentido del humor y aprende a reírte de tus propios defectos.

- No esperes que otro sepa lo que quieres si no lo dices.

- Aunque tengas una posición holgada, has que tus hijos paguen parte de sus estudios.

- Has dos copias de las fotos que saques y envíalas a las personas que aparezcan en las fotos.

- Trata a tus empleados con el mismo respeto con que tratas a tus clientes.

- No olvides que el silencio es a veces la mejor respuesta.

- No deseches una buena idea porque no te gusta de quien viene.

Grandes Secretos De Mi Éxito

- Nunca compres un colchón barato: Nos pasamos la tercera parte de nuestra vida encima de él.

- No confundas confort con felicidad.

- Nunca compres nada eléctrico en una feria artesanal.

- Escucha el doble de lo que hablas (por eso Dios nos dio dos oídos y una sola boca).

- Cuando necesites un consejo profesional, pídelo a profesionales y no a amigos.

- Aprende a distinguir quiénes son tus amigos y quiénes son tus enemigos.

- Nunca envidies: La envidia es el homenaje que la mediocridad le rinde al talento.

- Recuerda que la felicidad no es una meta sino un camino: Disfruta mientras lo recorres.

- Si no quieres sentirte frustrado, no te pongas metas imposibles.

- La gente más feliz no necesariamente tiene lo mejor de todo simplemente disfruta al máximo de todo lo que Dios pone en su camino.

- Una sonrisa significa mucho. Enriquece a quien la recibe, sin empobrecer a quien la ofrece. Dura un segundo pero su recuerdo nunca se borra.

> ¡Hermosas, sabias y útiles reflexiones de Jackson Brown válidas para nuestros hijos…, y para todos nosotros también!

Grandes Secretos De Mi Éxito

Comportamiento para Formar Grupos Familiar es, Amistad y de Trabajo Sólidos

No importa el grado de educación formal que pueda tener cualquier persona, para lograr que su entorno humano, inclu yéndose a sí mismo, sea el más confortable, grato y sincero, a rmónico y en paz, viable para hacer florecer y mantener las r elaciones sociales y afectivas dentro de niveles apropiados de comunicación y disposición a la cooperación solidaria dentro del grupo.

Los grandes negocios no solo radican en los números que demuestran estados de ganancias y pérdidas, presentados de una manera fría y calculada. Las relaciones que tienden a per durar en el tiempo, son aquellas dotadas también de una abu ndante carga de empatía entre las partes negociantes, y es la que ayuda a que se abran las puertas de la negociación de un a manera sincera, clara, con el verdadero asomo de transpare ncia y honestidad para la seguridad de todos.

Lo anterior también es aplicable a las relaciones familiares, de amistad y de trabajo.

Generalmente es muy apreciado el grado de comodidad qu e se siente, en el trato y acción, cuando estamos reunidos jun to a otras personas. Es ese toque invisible de afinidad, el que permite que el diálogo verbal y corporal se mantenga en un n ivel constante de comunicación productiva. Es este aspecto, el que denota marcadamente la correcta formación de excele ntes grupos familiares, de trabajo y de amistad.

Abramos pues, la ventana de este maravilloso almacén de buenas acciones individuales y grupales; escrutemos dentro d e él, verificando cuales de ellas poseemos y que otras nos hac en falta para mejorar nuestras relaciones de grupo:

- **Nadie pretende ser lo que no es**.

Cada quien se presenta en su verdadera esencia como pers ona. Proyecta con hechos su verdadera personalidad: carácte r, sentimientos, valores. Cada quien sabe lo que se puede esp erar de él.

- **Nunca desperdician cualquier oportunidad para reunirse y disfrutar de la compañía de sus seres queridos**.

Los verdaderos amigos están presentes en las buenas y en l as malas situaciones.

Las celebraciones son exquisitas oportunidades para disfru tar en grupo de deliciosos bocados, de refrescantes bebidas y amenas conversaciones…, pero un amigo, un familiar o un compañero de trabajo, también estima de sobremanera, aqu ella inesperada visita solidaria, cuando el entorno que él pued e ofrecer en ese momento, no es el del mayor agrado para ot ros: la cárcel o el hospital, u otros escenarios calamitosos.

- **Se saludan afectuosamente cada vez que tienen la oportunidad de encontrarse.**

Siempre que haya la oportunidad de disfrutar de un fuerte abrazo, un gesto de cariño y afecto, no dudemos en hacerlo. Esto funciona de forma similar al mejor aderezo en las comi das.

- **Atención permanente entre los integrantes del grupo.**

Cualquier miembro de un equipo se considera con derecho a ser tomado en cuenta.

No hay cabida para mezquindades y egoísmos individuales. Por naturaleza los grupos sólidos tienen un mecanismo de au todepuración contra los miembros colados.

El bien común es la premisa entre todas las personas. Cua ndo algún miembro del grupo está siendo afectado por una s ituación difícil, inmediatamente se activan las alarmas, se enci enden los motores de discusión y búsqueda de opciones váli das y viables para ayudar a normalizar el momento de infortu nio que aqueja al miembro del grupo.

- **Relaciones Respetuosas entre sus miembros.**

El respeto hacia el compañero es la muestra más fehacient e del grado de estima que se tiene hacia esa persona. Demues tra que se está compartiendo con gente civilizada. No debe h aber distinción de sexo y edad para expresar respeto por las a cciones, ideas u opiniones de los demás.

Cuando alguien falla, se emite la acción recriminatoria a tra vés de la crítica constructiva, sin llegar al castigo físico o de s uspensión de la relación fraternal.

Al chisme dañino, malicioso, malintencionado, no le es ext endido carnet de membresía para pertenecer a este selecto cl ub de gente inteligente y civilizada.

- **Lealtad ante todo**.

Ser leal al grupo familiar, amigo, y trabajo, es una característ ica preponderante en la manera de actuar de cada uno de su s miembros. Claridad en los valores y principios de humildad , honestidad, amistad, trabajo, cooperación, solidaridad, frate rnidad, hacen que el sol brille cada mañana en el interior del grupo.

- **Poca palabrería y más acciones**.

La palabra empeñada en la oferta de ayuda a alguien del grup o que la necesite, es un cheque respaldado al 100% de acción requerida para lograr el aporte solidario ofrecido. Todos reco nocen que es jugar con candela, el ofrecer y no cumplir; es u n ácido que rápidamente corroerá su cara de vergüenza frent e a todos los otros miembros de la comunidad grupal.

El silencio es preferido para calmar la angustia de alguien q ue ha tenido una mala racha, siempre y cuando se le demuest re que estamos ahí, con una mano extendida, para sujetarle y ayudarle a conseguir el equilibrio perdido.

Grandes Secretos De Mi Éxito

<u>Droga Natural de la Felicidad</u>

Cuando se anda por este maravilloso camino de querer co nducir nuestra mente, cuerpo y espíritu, por múltiples sender os en busca del éxito, felicidad y prosperidad, se hace necesa rio el comprender muchos aspectos internos y externos a nu estro ser, en especial, aquellos que nos motivan a sentirnos b ien, sobre todo con nosotros mismos.

Se dice que las generaciones anteriores a la nuestra eran má s sanas y alegres: llevaban una vida más sencilla, hacían mayo r cantidad de ejercicio físico, y el amor se ubicaba dentro de l as primeras prioridades tanto de jóvenes y adultos. La genera ción actual es más sedentaria, más introvertida, dedicada más al contacto con objetos tecnológicos que con la naturaleza y compartimiento entre humanos. Presentan mayores problem as de salud (obesidad, diabetes, hipertensión, insomnio, depr esión, entre otras tantas más) y el amor natural se ha ido des plazando por el virtual.

A nivel mundial, algunas personas, pertenecientes a los má s diferentes estratos sociales y de edades, han acudido al uso de drogas lícitas e ilícitas para calmar sus penurias físicas, em ocionales, sentimentales y espirituales, con el penoso afán de querer conseguir su perdido estado de satisfacción personal, de querer volver a sentirse vivos, alegres y así poder disfrutar de la vida a plenitud: ¡camino equivocado!

Nuestro creador, a través de la sabia naturaleza, para hacer nos sentir que realmente estamos vivos y de que en definitiv a fuimos creados para ser felices, ha dotado a nuestro cuerpo del más maravilloso de los sistemas químicos, capaces de oto rgarnos de manera autónoma, satisfacción y placer. Pocas so n las personas que saben que su propio organismo está capac itado para segregar de manera natural, una droga de la felicid ad denominada Endorfinas.

Las Endorfinas son sustancias químicas formadas por pépt idos (pequeñas cadenas de aminoácidos), similares a las hor monas, producidas y secretadas por una glándula ubicada en la base de nuestro cerebro: La Hipófisis.

Ahora bien, estas endorfinas cuando son liberadas hacia el cuerpo, actúan como analgésicos naturales, con un efecto se dante muy parecido al ocasionado por la morfina, y es por es ta propiedad de hacernos sentir bien, que se hacen meritorias de la denominación de "Drogas Naturales de la Felicidad".

Es muy fácil acudir a nuestra propia tienda corporal de me dicamentos, para proveernos de la dosis necesaria de endorfi nas: tan solo debemos incorporar en nuestra rutina diaria de vida, ciertas actividades capaces de estimular nuestra glándul a hipófisis a secretarlas en las cantidades requeridas por nues tro organismo:

- **Ejercitarse Físicamente**.

Una rutina de 30 a 45 minutos diarios de ejercicio físico, ti ene la magia de ayudarnos a reducir nuestro nivel de estrés, mejorando nuestra salud mental y estado de ánimo, increme nta nuestra resistencia física en general, fortaleciendo nuestr o sistema cardiovascular y respiratorio de manera asombrosa .

Dentro de los ejercicios físicos que mejor estimulan a la hi pófisis a secretar endorfinas, se encuentran los de resistencia (levantamiento de pesas, gimnasia, calentamiento, pliométric os), ya que al aplicar buena cantidad de estrés durante una co rta duración, estimulan el desarrollo sano de músculos y artic ulaciones, incluyendo los tejidos que los circundan, generand o un apreciable incremento de la masa muscular, así como el incremento de la resistencia física. Otros beneficios de este ti po de ejercicios, es su gran poder de ayudar a quemar grasa c orporal, y por supuesto, a incrementar la oxigenación del cer ebro.

Una buena caminata por escenarios naturales, también es ca paz de generar estados de sensación de bienestar, sumados a los beneficios aeróbicos y cardiovasculares necesarios para u na buena calidad de vida sana.

- **Ejercicios de concentración y relajación.**

La práctica del Yoga, aunque también es considerado com o una actividad física que ayuda a mejorar la elongación y po stura del cuerpo, es de gran ayuda para combatir estados de depresión, así como episodios de pánico e ira, permitiendo al canzar a quien lo practica, una mejor estabilidad mental y e mocional, generando estados de paz, calma, y felicidad.

- **Practicar el Amor**

Sí, estás en la vía correcta, amigo lector, adicionalmente a l o que muy sensualmente hayas pensado al leer la frase de arri ba, también ayuda a nuestro estado de bienestar, y la hipófisi s está consciente de esto, que el practicar en su sentido ampli o el concepto de amor, como lo es el sentir ese profundo afe cto y desear todo lo mejor a nuestros seres queridos y prójim o, y actuar en consecuencia bajo estos principios, nos permit e lograr ese maravilloso estado de paz y armonía espiritual, q ue tanto necesitamos como ser humano.

Es muy fácil darnos cuenta cuando estamos carentes de la presencia de endorfinas en nuestro organismo: sensaciones d e tristeza, angustia, desanimo, otras… Antes de acudir a la m edicación externa, es bueno recordar las acciones que debem os tomar a fin de activar nuestro propio mecanismo interno para retornar al estado ideal de sentirnos bien. Sin embargo e s bueno dejar en claro, que si los síntomas emocionales no c eden con la rutina anterior, quizás por estar relacionados con situaciones más complejas, es bueno acudir a la consejería de un profesional de la medicina, en busca de la raíz y solución definitiva a nuestros males.

Recordar siempre que hacer deportes y el amor aleja a las p ersonas de la tristeza y del consumo de drogas exógenas, es d ecisión de personas sabias e inteligentes.

Otras Obras Del Autor

- Actitud Positiva Éxito Seguro: Método Para Su Aprendizaje.

- Como Hacer Para Mantenerse Feliz Por Más Tiempo: Guía Práctica Para Lograrlo.

- Misión Terranova: Hombres del Nuevo Mundo.

pensamientopositivoenaccion@gmail.com

www.ingramcontent.com/pod-product-compliance
Lightning Source LLC
Chambersburg PA
CBHW051808170526
45167CB00005B/1925